Ulmer Taschenbuch 53

Ursula Wegener

Pflanzen konservieren

55 Farbabbildungen
31 Zeichnungen

VERLAG
EUGEN
ULMER

Seite 2: Die Ernte eines Sommers hängt zum Trocknen aus.

Wegener, Ursula:
Pflanzen konservieren/Ursula Wegener
Stuttgart: Ulmer 1990
(Ulmer Taschenbuch; 53)
ISBN 3-8001-6235-0
NE: GT

© 1990 Eugen Ulmer GmbH & Co.
Wollgrasweg 41, 7000 Stuttgart 70 (Hohenheim)
Das Werk einschließlich aller seiner Teile ist urheberrechtlich geschützt. Jede Verwertung außerhalb der engen Grenzen des Urheberrechtsgesetzes ist ohne Zustimmung des Verlages unzulässig und strafbar. Das gilt insbesondere für Vervielfältigungen, Übersetzungen, Mikroverfilmungen und die Einspeicherung und Verarbeitung in elektronischen Systemen.
Printed in Germany
Lektorat: Agnes Pahler
Herstellung: Martina Dörsam
Satz: Typobauer Filmsatz GmbH, Ostfildern 3
Druck und Bindung: Georg Appl, Wemding

Vorwort

Ein wesentlicher Grund, warum Pflanzen und vor allem Blüten mit Schönheit in Verbindung gebracht werden, liegt in ihrer Ausstrahlung, ihrer Form, ihrer Farbe, ihrem Duft, insbesondere ihrer Lebendigkeit, mit der jedoch auch oftmals ihre rasche Vergänglichkeit einhergeht. So sehr uns dies als Preis, ja eigentlich als Bedingung für die Schönheit bewußt ist, so sehr wollen wir sie trotzdem festhalten, wenn schon nicht auf Dauer, so zumindest über einen längeren Zeitraum hinweg. Dieser Wunsch hat allerlei handwerkliche Produkte im Lauf der Zeiten hervorgebracht; bescheidenen Schmuck und prächtige Dekorationen, liebevoll Zusammengetragenes und in Massen Produziertes. Aus dem Handwerk hat sich eine Industrie der künstlichen Blüten und Pflanzen entwickelt, gefertigt aus Kunststoffen, Papier, Stoffen, Plastik und vielen anderen Materialien. Dem wollen wir uns nicht zuwenden, sondern wir befassen uns nur mit dem Präparieren und Konservieren der lebenden Blumen, Blätter, Früchte und anderer Pflanzenteile. Dabei muß klar sein, daß es sich nicht um einen Ersatz frischer Blumen handeln soll, sondern um nicht mehr lebendige Pflanzen, die durch den Prozeß des Haltbarmachens eine eigene Wirkung erreichen können. Schon allein der Vorgang des Trocknens und Konservierens birgt spezielle ästhetische Qualitäten in sich.

Es gab immer wieder Versuche, konservierte Pflanzen in größerem Rahmen herzustellen und zu verkaufen. Sie scheiterten zumindest an der Unwirtschaftlichkeit der Methoden und an der Empfindlichkeit der Pflanzen nach dem Haltbarmachen. Dies bezieht sich vor allem auf die Experimente mit einzelnen Blumen und Blütenständen und nicht auf den massenhaften Anbau von typischen Stroh- und sonstigen Trockenblumen, die sich dank ihrer speziellen Eigenschaften problemlos auch in großen Mengen durch einfache Trock-

Getrocknete Blüten können keinen gleichwertigen Ersatz für frische Pflanzen darstellen, sie besitzen aber unbestritten ihren eigenen Reiz.

nungsverfahren erhalten lassen. So ist das Konservieren ein ideales Hobby für alle, die Blumen und Pflanzen auch im Detail ansehen, gerne kleine und große Zusammenstellungen daraus herstellen und vielleicht sogar viele unterschiedliche Werkstoffe im eigenen Garten ernten können. Man muß sich darüber im klaren sein, daß es sich bei allen hier beschriebenen Methoden nicht um Ergebnisse handelt, die den frischen Zustand erhalten, alle Schritte und Vorgehensweisen haben durchaus empirischen Charakter.

Kleine und eventuell auch größere Mißerfolge sollten stets einkalkuliert werden. So wie bei vielem anderen Tun, welches keine Routine, jedoch eine gewisse Erfahrung erfordert, so sind beim Konservieren und Präparieren Kenntnisse über die unterschiedlichsten Reaktionen des organischen Werkstoffes zu erwerben. Manchesmal sind es Kleinigkeiten, die eine Blüte besonders schön oder unbefriedigend aussehen lassen und die man vorher nicht in Betracht ziehen konnte. So gibt es immer wieder überraschende Ergebnisse, an deren Weg man festhalten oder die man immer wieder verbessern kann, um so zu einem reichhaltigen Fundus an eigenen Methoden zu gelangen.

Ursula Wegener
Crailsheim und Berlin, Frühjahr 1990

Inhaltsverzeichnis

Vorwort 5

Einführung 9

Welche Pflanzen und Pflanzenteile eignen sich zum Konservieren? 11
Grundsätzliches zur Beschaffenheit 12
Wildpflanzen 15
Kulturpflanzen als Trockenmaterialien 25
  Pflanzen aus dem Unterglasanbau 25
  Pflanzen aus dem Freilandanbau 32
  Topfpflanzen 41
Importblumen und Exoten 43

Möglichkeiten und Methoden 47
Grundsätzliches zum Konservieren 47
  Die Wahl der Trocknungsmethode 47
  Was beim Trocknen in der Pflanzenzelle passiert 48
  Die Aufbewahrung 49
Ohne Hilfsmittel trocknen 50
  Aufrechtstehend trocknen 51
  Auslegen 55
  Aufhängen 58
Hilfsmittel für das Konservieren 61
  Pflanzenpressen 68
  Pressen mit dem Bügeleisen 65
  Trocknen im Backofen 67
  Sand 68
  Waschpulver 70
  Borax 73
  Lacke und Anstriche 74
  Gummi arabicum 75
  Gummi arabicum und Zucker 77
  Silica-Gel 79
  Wachs 82
  Glyzerin 85
Die Schönheit des Vergehens 88

Floristische Arbeiten aus Trockenblumen 93
Ein Wort zur Haltbarkeit getrockneter Materialien 93
Was es bei Pflanzenzusammenstellungen zu bedenken gibt 94
  Ästhetische Gesichtspunkte 94
  Auf verschiedene Weise konservierte Pflanzen lassen sich kombinieren 96
  Problem Farbe 98
Ausgewählte Beispiele 102
  Potpourri 102
  Kräuterstrauß 104
  Buschen 105
Grundtechniken für die Verarbeitung konservierter Pflanzenteile 106
  Stützen und Drahten 107
  Kleben 113
  Strauß binden 113
  Stecken 115
  Haften 119
  Kranz binden 119

Bildquellen 122

Register 123

Einführung

Pflanzen haltbar machen, sich ihre Schönheit noch zu vergegenwärtigen, auch wenn sie eigentlich nicht mehr sind, diese Wünsche haben die Blumenliebhaber und -kenner zu verschiedenen Zeiten immer wieder beschäftigt. Allerdings geschah dies hauptsächlich für medizinisch-botanische Zwecke, zum Beispiel in Form von Herbarien. Im alten Ägypten gab es aber schon Schmuck aus getrockneten Blüten und Blättern und kleine aus Blattmaterialien geflochtene Behältnisse und Schmucktäschchen.

Erst im 19. Jahrhundert hat sich abseits von botanischen, medizinischen oder allgemein wissenschaftlichen Zwecken die Liebhaberei für haltbar gemachte Blätter entwickelt, die die Blume als Schmuck, also um ihrer Schönheit willen, wertete. Das konnte eine Erinnerung in Form eines gepreßten Stiefmütterchens oder einer Rose sein, ein kleines getrocknetes Kränzchen, vielleicht ein Veilchensträußchen, das ohne besondere Behandlung und Methode gepreßt oder auch nur einfach so getrocknet wurde: Als eine Erinnerung an vergangene Frühlings- oder Sommertage verharren sie unter einem Glassturz, oder sie überdauern Jahre im Poesiealbum, braun zwar und blaß geworden, jedoch unverändert in der Form.

Es soll hier keine Einführung in die Herbaristik erfolgen und kein wissenschaftliches Kompendium entstehen. Es geht nicht darum, Blumen und Pflanzenteile so naturecht wie irgend möglich über ihre natürliche Lebensdauer hinweg zu erhalten. Unsere konservierten Pflanzen müssen ja nicht in Sammelmappen und auf Herbarbögen als Anschauungsmaterial der Botanik dienen. In erster Linie soll versucht werden, ohne große Problemstellung Pflanzenteile selbst haltbar zu machen. Es kommt dabei nicht auf wissenschaftliche Exaktheit, sondern auf ein ästhetisch befriedigendes und auch praktisch anwendbares »Ergebnis« an. Die Blumen und Pflanzenteile sollen so haltbar gemacht sein, daß sie sich für verschiedene Arten und Formen von Blumenschmuck eignen.

Pressen und Trocknen sind nach wie vor Methoden des Haltbarmachens, aber andere Vorgehensweisen sind hinzu gekommen. Hinter allen steht der Wunsch, möglichst viel von Form, Farbe und Ausstrahlung der Pflanzen festzuhalten. Bei allem Konservieren und Erhalten-wollen müssen wir aber doch die Vergänglichkeit akzeptieren, den natürlichen Kreislauf von Wachstum und Vergehen mit den verschiedenen Stadien der Pflanzenentwicklung. Manches von dem Vergänglichen kann nur eine kleine Weile festgehalten werden, oder auch nur in Fragmenten, so daß sich die Schönheit nur mehr ahnen läßt. Der spezielle Reiz einer Blüte, eines Blattes, deren Beschaffenheit und Struktur läßt sich schwerlich fixieren. Das heißt, der samtene Eindruck oder der seidene Schimmer, der Schmelz eines hauchdünnen Blütenblattes, dieser spezifische Ausdruck und Charakter, bleibt vergänglich und nur dem momentanen Eindruck vorbehalten. Seien wir damit zufrieden und trachten wir nicht danach, perfekt erhalten zu wollen bis hin zur Imitation, die sich in künstlichen Gebilden steigert. Wir soll

**Seite 8:
Der Frühsommer ist die Zeit der Gräser. Die Blütenstände in ihrer oft filigranen Schönheit sollte man ernten, bevor sie verblüht sind.**

ten besser sehen, was die Natur an Möglichkeiten läßt. Und das ist nicht wenig mit all den interessanten und liebenswerten Gestalten, Formen, Farben, die von lebenden Blüten, Blättern, Früchten im Lauf des Jahres bleiben und die eine vergangene Saison noch einmal aufleben lassen oder im Zusammenklang mit frischen Pflanzenteilen eigenwillige Kombinationen ermöglichen.

Genauso vielfältig wie die Ergebnisse des Konservierens ist die Auswahl an Werkstücken, die damit gefertigt werden können: Kleine Sträußchen und große Gebinde, Gestecke, Kränze und Girlanden, Bilder und anderer Wandschmuck wären als Beispiele zu nennen und nicht zuletzt läßt sich der Sommerduft in Form von Duftsträußchen und Potpourris einfangen.

Was mit viel Freude und Begeisterung präpariert und konserviert wurde, sollte uns doch nicht dazu verleiten, Blüten und Blätter, Zweige und Sträuße über Gebühr lange stehen zu lassen. So schön der Türkranz mit Salbeiblättern und Rosenblüten auch sein mag, er sollte keine Dauereinrichtung werden. Eines Tages ist der Duft des frisch Getrockneten dahin, die Farbe verblaßt, das Ganze staubt an. Dann ist die Zeit seiner Ablösung gekommen. Und das gibt Platz für neue Versuche, neue Kombinationsmöglichkeiten! Trockene Pflanzen sind nicht tot, vielfältig sind die Formen, individuell kann man die eigenen Arbeiten gestalten, so daß wir zum Ende jeder Hauptsaison Arme voller Werkstoffe haben und begierig sind, damit wieder Neues zu versuchen.

Welche Pflanzen und Pflanzenteile eignen sich zum Konservieren?

Spontan könnte man sagen, daß sich von allen Pflanzen irgendwelche Teile zum Haltbarmachen eignen. Beinahe alle Pflanzen weisen in irgendeinem Teil eine besondere Festigkeit und Härte auf, das dann für unsere Zwecke problemlos ist. Dazu gehören Rinde, Wurzel, Zweige, Astabschnitte, Frucht, Fruchtstand, manchesmal auch die Blätter. Die Festigkeit rührt von verdickten Zellwänden, einem speziellen Stützgewebe oder von verholzten Zellen her, die wenig wasserreich sind und sich beim Trocknen nicht stark verändern.

Jedenfalls läßt sich nicht so ohne weiteres verallgemeinern. Zarte und dünne Materialien mögen schwierig zu konservieren sein, entscheidend für die Eignung ist diese Art der Beschaffenheit jedoch nicht. Ein ausgereiftes Farnblatt oder ähnlich Fragiles bereitet keine Schwierigkeiten, jedoch kann sich ein junges, noch nicht voll entwickeltes, eigentlich robustes Blatt einer Haltbarmachung gleich von vornherein entziehen. Unter bestimmten Voraussetzungen lassen sich sogar Teile von Wasser- und Unterwasserpflanzen, Moosen und Farnen konservieren. Vor allem natürlich interessieren die vielerlei Blüten und Blätter, seien sie einfach oder prächtig, groß oder klein, dick oder dünn, zerbrechlich oder robust.

Aus allen Vegetationszonen mögen die Pflanzen stammen und an den verschiedenen Plätzen gewachsen sein, gleich ob in der freien Natur, im Garten oder im Gewächshaus, und selbstverständlich können wir ebenso im Geschäft oder auf dem Markt erstandene Pflanzen verarbeiten. Wir sind nicht an eine bestimmte Jahreszeit gebunden, in der etwa das Konservieren ausschließlich möglich wäre. Das ganze Jahr über gibt es etwas zu sehen, zu finden, auszuprobieren, wobei natürliche Jahreshöhepunkte im Sommer und Spätsommer liegen.

Es läßt sich manchmal gar nicht so leicht feststellen, ob nun eine Pflanze zum Konservieren geeignet ist oder nicht. Objektiv gesehen mag das zunächst nicht den Anschein haben, zum Beispiel kann das Vorhaben, ein einwandfreies Herbarpräparat herzustellen, an der Größe oder Dickfleischigkeit des betreffenden Pflanzenteils scheitern. Subjektiv ist eine Verarbeitung durchaus möglich, wenn wir in Kauf nehmen, daß ein ehemals dickes, sehr stark wasserhaltiges Blatt völlig aus der Form gerät, aber nun eine interessante Oberfläche mit einem reichen Farbspiel in gedeckten Tönen entwickelt.

Wir sollten uns etwas auf subjektive Vorlieben und Experimente einlassen, wobei Mißerfolge bei allen Konservierungsversuchen einzukalkulieren sind. Zwar führen manche sichere Wege zu guten Ergebnissen, aber viele unberechenbare Faktoren machen manches zunichte. Es gibt aber immer wieder auch überraschende Resultate, die man durch Probieren und Experimentieren erzielt.

Um unnötigen Zeit- und Platzverlust zu vermeiden, ist es hilfreich, maßvoll, aber gezielt vorzugehen. Wer hat nicht schon einmal in der ersten Sammeleuphorie mehr oder weniger große Mengen von Pflanzenteilen zum Trocknen sorgsam vorbereitet und plaziert, um hinterher feststellen zu müssen, daß alles umsonst war, weil das meiste ab- oder ausgefallen, schwarz geworden und gefault ist oder was dergleichen negative Erscheinungen mehr sind.

Grundsätzliches zur Beschaffenheit

Aufgrund ihrer Beschaffenheit ist es möglich, eine große Anzahl von Pflanzen zu konservieren. Fehlen die Voraussetzungen, so können die ausgefeiltesten Methoden nichts oder nur wenig ausrichten. Was ist unter den fehlenden Voraussetzungen zu verstehen, welche entscheidenden Kennzeichen müßten vorhanden sein?

Ein wesentlicher Punkt für den Erfolg beim Haltbarmachen ist das richtige **Entwicklungsstadium** der Pflanze bzw. des Pflanzenteils. Eine Blume oder ein Blatt, das sich normalerweise gut konservieren läßt, ist, im falschen Stadium geerntet, für unser Vorhaben ohne Wert. Die Entwicklung kann je nach gewählter Methode unterschiedlich weit fortgeschritten sein, nur darf grundsätzlich kein Pflanzenteil zu jung und zu weich sein, soll ein befriedigendes Ergebnis herauskommen. Das trifft für alle Verfahrensweisen zu. Nicht ausreichend entwickelte Blüten und Blätter werden beim Trocknen meist schwarz, beim Einlegen in Borax, Silica-Gel und andere Trocknungsmittel schrumpeln sie eher ein, anstatt Form behaltend zu trocknen. In Glyzerin gestellt, können sie die Lösung nicht richtig aufnehmen. Die Gefahr einer zu frühen Ernte besteht vor allem im Frühjahr, im Frühsommer und – unabhängig von der Jahreszeit – bei Blumen, die aus dem Unterglasanbau kommen.

Es kommt aber auch vor, daß die Pflanzenentwicklung ihren Idealzeitpunkt überschritten hat. Als Beispiel besonders augenfällig ist ein zu später Erntetermin bei den ganz normalen Strohblumen, Perlpfötchen und anderen. Diese werden oft fälschlicherweise dann geschnitten, wenn sie am schönsten aussehen – bei voll geöffneter Blüte. Im Laufe des darauffolgenden Trocknungsprozesses öffnen sich die Blüten noch weiter bis hin zum Ausfallen oder Auseinanderfallen. Derartige Blumen müssen in einem knospigen Zustand geerntet werden. Bei Blüten mit deutlich nicht miteinander verwachsenen Blütenblättern, wie zum Beispiel *Clematis*, Rudbeckien und einfachblühenden Rosen, geschieht es leicht, daß das einzelne Blütenblatt für den Trocknungsprozeß nicht mehr fest genug am Blütenboden sitzt, auch wenn die Blume noch nicht so weit erblüht ist. Hier ist darauf zu achten, daß in einem sehr frühen Moment, wenn sich die Blüte eben erst entfaltet hat, geschnitten wird.

In einem zu weit fortgeschrittenen Stadium werden häufig allerlei Gräser und sonstige Fruchtstände gesammelt, dann, wenn zierende Grannen oder Samen nicht mehr fest genug haften und sich beim Trocknen auflösen oder abfallen. Wer Blüten- und Fruchtstände erhalten will, wem es also nicht um das Laub geht, muß den Hauptanteil der Gräser vor dem Ausreifen schneiden. Die Federgräser (*Stipa*-Ar-

Zu jeder Jahreszeit halten Garten und Natur Geeignetes für das Konservieren bereit.

ten) sollten eben ihre langen Grannen zeigen, später fallen sie rasch einzeln aus. Verschiedene Kornähren halten die Farbe, wenn wir sie in grünem Zustand schneiden. Einen späteren Zeitpunkt als die beginnende Reife sollten wir nicht wählen, weil die Ähren sonst ziemlich dunkel bis grau werden. Der beginnende Reifeprozeß stellt für die meisten Fruchtstände von Wild- und Gartenstauden einen guten Zeitpunkt dar. Ist man nicht ganz sicher, sollte der Schnittermin lieber etwas davor liegen, wie etwa bei Rohrkolben, Hopfen, Waldrebe und anderen.

Neben dem Entwicklungsstadium und dem Erntezeitpunkt spielt die **naturgegebene Beschaffenheit** des zu konservierenden Pflanzenteils eine andere wichtige Rolle. Blätter, Blüten und Blütenstände, die zu zart, zu weich oder zu brüchig, zu spröde sind, lassen sich schlecht, nur unter Inkaufnahme von Verlusten oder gar nicht konservieren. Hierin ähneln sie den Pflanzenteilen, die in einem zu frühen Stadium geerntet worden sind. Es soll nicht ausgeschlossen sein, daß solche Pflanzen sich dennoch präparieren lassen, zum Beispiel für Herbarien oder botanische Sammlungen, doch für eine spätere floristische Verarbeitung in trockenem Zustand sind die erzielten Materialien zu empfindlich und fragil. Beachten sollte man dies bei Lein, Kakteenblüten, Orchideen wie Cattleyen, Gloxinien, den Lilien des Auratum-Typs, den bunten Windenblüten *(Ipomoea)* und anderen.

Ausgereifte oder von Natur aus feste Pflanzenteile sind aufgrund ihrer Stabilität am besten geeignet. Sie reagieren nicht so empfindlich auf Druck und lassen sich nicht so leicht quetschen. Die Einzelbauteile des Pflanzenorganismus, die Zellen, haben eine sehr unterschiedliche Beschaffenheit. Ihre Wände sind mit Zellulose verstärkt, die ihnen ihre feste Form gibt. Schon beim Stengel angefangen, findet man Hinweise darauf, wie gut ein Blüten- oder Fruchtstand zu trocknen sein wird. Alle zweikeimblättrigen Pflanzen (wie Rose, Nelke, Sonnenblume, Margerite) besitzen im Stengelquerschnitt ringförmig angeordnete Leitbündel, die in das Mark eingebettet sind, welches wiederum von der Rinde umschlossen wird. Im innenliegenden Teil des Leitbündels befindet sich gewöhnlich das Bastgewebe (Phloem), welches den Transport von Assimilaten übernimmt.

Der außenliegende Holzteil (Xylem) des Leitbündels besorgt den Transport von Wasser und Mineralstoffen. Er enthält den Holzstoff Lignin. Zwischen diesen beiden Zonen liegt ein teilungsfähiges Gewebe, Kambium genannt; es ist zuständig für das Dickenwachstum. Bei einkeimblättrigen Pflanzen (wie Tulpe, Schneeglöckchen) sind die Leitbündel nicht ringförmig, sondern im Stengelquerschnitt verstreut angeordnet. Einkeimblättler haben kein Dickenwachstum, weil das Kambium fehlt. Es gibt auch einkeimblättrige Pflanzen, die gut zu trocknen sind, wie etwa Tulpen, Narzissen oder selbstverständlich die Gräser. Aber von diesen nehmen wir entweder einzelne Blüten bzw. Blütenblätter oder die hart ausgebildeten Fruchtstände der Gräser. Der überwiegende Teil der Pflanzen, die in ihrer gesamten Gestalt konserviert werden, sind Zweikeimblättler, die ein Kambium aufweisen.

Die Festigkeit des Blattes wird durch die Blattadern und die äußere Zellschicht, die Epidermis, bewirkt. Die Epidermis besteht meistens aus einer Schicht lebender Zellen, die kein Blattgrün besitzen. Die Außenwände dieser Zellen sind verdickt, verstärkt und von einer wasserundurchlässigen Schicht überzogen. Als Blattadern erkennen wir die Leitbündel; sie stabilisieren die Blattfläche. Genauso wie beim Sproß sind beim Blatt die Leitbündel oft von einem Festigungsgewebe (mit dickwandigen, verholzten Zellen) umgeben. Im Gegensatz zu den netzförmigen Adern der zweikeimblättrigen Pflanzen verlaufen die Adern der Einkeimblättler parallelnervig. Diese Blätter sind vielfach schwächer, weicher und nicht so gut zu konservieren. Ausnahmen gibt es natürlich immer, man denke an das relativ stabile Maiblumenlaub.

Das **Format** des jeweiligen Konservierungsgutes entscheidet ebenfalls über die Problemlosigkeit oder die Schwierigkeit beim Trocknen. Es hängt sehr stark von dem Verhältnis der Objektgröße zur Art und Weise des Konservierens ab. Pressen kann man normalerweise jedes handliche Format, das die Presse zuläßt. Großformatige Blätter wie etwa Rodgersienlaub stoßen an die Grenzen. Bei sehr kleinen Blütenständen wiederum kann es passieren, daß nach dem Preßvorgang nur noch die Kelchblätter, die feinen Blütenblätter hingegen nicht mehr zu sehen sind.

Bei großen Blüten spielt zudem die Konsistenz eine entscheidende Rolle, Beschaffenheit und Größe sind die Faktoren, die darüber entscheiden, ob etwas gelingt oder nicht. Große Sonnenblumen lassen sich gut einfach trocknen, die äußeren Zungenblüten schrumpeln zwar etwas ein, die Gesamtform bleibt aber erhalten. Dies gelingt auch mit Sonnenblumen in Riesenformat. Das Konservieren einer Amaryllisblüte hingegen scheitert nicht nur am Format, sondern hauptsächlich an ihrer Konsistenz: Die zarten, wasserhaltigen Blüten werden zum Blüteninnern hin fleischig. Das gilt auch für andere Blumen von ähnlichem Aufbau. Selbst wenn sie nicht so wasserreich sind, erweist sich eine große Schalen- oder Trompetenform, verbunden mit einer gewissen Zartheit und Fleischigkeit, als recht ungünstig für alle Methoden.

Große und Riesen-Dahlien entziehen sich aus ähnlichen Gründen einem guten Haltbarmachen. Die Blütenblätter sind bei Dahlien robust, dies beweisen erfolgreiche Versuche mit kleineren Typen. Allein wegen der Masse an Substanz sind die großen Blumen denkbar schwierig. Natürlich lassen sich diese Formate mit gutem Endresultat und bei einer gewissen Verweildauer in Silica-Gel präparieren. Oft wird schon nach einem Tag die Blüte trotz Fixierung weich, sie kann ihre Form schlecht halten und ist kaum zum Verarbeiten brauchbar. Einen letzten Gesichtspunkt bilden die **Veränderungsprozesse beim Trocknen**. Hierbei sind schnell Verluste eingehandelt, die man aber durch Ausprobieren und aufgrund der nach und nach gewonnenen Erfahrung vermindern kann. Grundsätzlich kann man sagen, daß eine stark wasserhaltige, dickfleischige Blatt- und Blütensubstanz, die zudem kein Festigungsgewebe aufweist, schlecht die Form hält, wenn ihr Feuchtigkeit entzogen wird. Ein komplizierter Aufbau, bei dem allein schon durch verschieden dünne und dicke Blütenblatteile der Schrumpfungsprozeß beim Trocknen uneinheitlich ausfällt, wird durch Ausbuchtungen und Hohlräume zusätzlich erschwert. Das Resultat mag kurz nach Abschluß des Konservierungsvorganges sogar verblüffend ausfallen. Nach einer Weile oder beim Verarbeiten zeigt es sich, wie empfindlich und wenig dauerhaft solche Exemplare wirklich sind.

Wildpflanzen

Bei Pflanzen zum Haltbarmachen denken wir in erster Linie wohl an Großmutters Strohblumen oder an irgendwelche exotischen Trockenblumen, die von weit her kommen, wahrscheinlich aber nicht an allerlei größere und kleinere Gewächse direkt aus der freien Natur. Unsere heimischen Wildpflanzen bieten jedoch eine erstaunlich große und reichhaltige Auswahl. Die sich eben entfaltenden Blätter im Frühling, die frisch grüne oder auch bunte Wiese lassen das gar nicht vermuten. Die frühlingszarten Blättchen trocknen zu wollen, bringt zwar kein gutes Ergebnis, man muß sich schon auf der Wiese und unter dem, was da wächst, so weit auskennen, um zu wissen, welche Blumen dieser Pracht für eine Verarbeitung geeignet sind.

Wer die Wildpflanzen ein bißchen kennt, kann gut nach einer Anleitung vorgehen; was ist jedoch, wenn einem die Namen nichts sagen und Beschreibungen der Pflanzen nicht weiterhelfen? Dann ist es am besten, mit Pflanzen zu beginnen, die in Massen auftreten und dabei stets nur mit geringfügigen Mengen einen Versuch zu wagen. So bleibt der Verlust unerheblich, wenn das Experiment mißlingt. Das darf nicht dazu verleiten, nun diejenigen Arten, die sich als geeignet herausgestellt haben, in Mengen zu plündern. Wer nicht Bescheid weiß über die Wildpflanzen und öfters hier und da sammeln möchte, sollte sich ein kleines unkompliziertes Bestimmungsbuch anschaffen, das viele Abbildungen und eine Liste der geschützten Pflanzen

Geeignete Pflanzen für das Konservieren. Pflanzen aus der Natur

Winter

Baumschwämme	ganze Pflanzen	auslegen
Flechten	ganze Pflanzen	auslegen
Gehölze	Zweige, Rindenstücke	auslegen
Moose	ganze Pflanzen	auslegen

Frühling

Apfelbaum *(Malus sylvestris* var. *domestica)*	Blüten	Gummi arabicum
Bach-Nelkenwurz *(Geum rivale)*	Blüten, ganze Pflanzen	aufhängen, Presse
Buschwindröschen *Anemone nemorosa)*	Blüten	Presse
Erdbeere *Fragaria vesca)*	Blüten, ganze Pflanzen	Presse
Fingerkräuter: Gänse-, Erdbeer-, Frühlingsfingerkraut *(Potentilla anserina, P. sterilis, P. tabernaemontani)*	Stiele mit Blüte und Blatt	Presse
Frühlings-Platterbse *(Lathyrus vernus)*	Blüten, ganze Pflanzen	aufhängen, Presse
Gänseblümchen *(Bellis perennis)*	Blüten	Presse
Gräser	Rispen, ganze Pflanzen	aufrecht stellen, auslegen, aufhängen
Gundermann *(Glechoma hederacea)*	Blüten, ganze Pflanzen	Presse
Hahnenfuß *(Ranunculus acer, R. repens)*	Blüten	auslegen, Presse
Haselwurz *(Asarum europaeum)*	Blätter	Presse
Heckenrose *(Rosa canina)*	Knospen- und Blütenzweige	Glyzerin
Hornklee *(Lotus corniculatus)*	Blüten	auslegen

Huflattich *(Tussilago farfara)*	Blätter	Presse
Klee *(Trifolium arvense, T. repens)*	Blüten, ganze Pflanzen	auslegen, aufhängen, Presse
Maiglöckchen *(Convallaria majalis)*	Blätter	Presse
Margerite *(Chrysanthemum leucanthemum)*	Blüten, ganze Pflanzen	auslegen, aufhängen, Presse
Mohn *(Papaver rhoeas)*	Blüten, ganze Pflanzen	aufhängen, Presse
Sauerklee *(Oxalis acetosella)*	Blüten, Blätter	Presse
Scharbockskraut *(Ficaria verna)*	Blüten, Blätter	Presse
Schlüsselblume* *(Primula veris, P. elatior)*	Blüten	Presse, Borax, Gummi arabicum
Sumpfdotterblume* *(Caltha palustris)*	Blüten	Presse
Veilchen *(Viola odorata)*	Blüten	Presse, Gummi arabicum, Silica-Gel
Wiesensalbei *(Salvia pratensis)*	Blütenstand, ganze Pflanzen	aufhängen, Presse

Sommer

Ackerhellerkraut *(Thlaspi arvense)*	die noch grünen Fruchtstände	aufrecht stellen, aufhängen
Blutweiderich *(Lythrum salicaria)*	Blüten- und Fruchtstände	auslegen, aufhängen
Braunwurz *(Scrophularia nodosa)*	noch unreife Fruchtstände	aufrecht stellen, aufhängen
Dost *(Origanum vulgare)*	blühende und fruchtende Stiele	auslegen, aufhängen
Engelwurz *(Angelica archangelica)*	Blütenstände und unreife, noch grüne Fruchtstände	aufrecht stellen, auslegen, aufhängen

* Einzelne Blüten nur dann entnehmen, wenn die Pflanze in Massen vorkommt.

Flockenblume (Centaurea jacea, C. scabiosa)	blühende und fruchtende Stiele	auslegen, aufhängen
Gräser- und Getreide-Arten	noch blühende Pflanzen oder grüne Fruchtstände	aufrecht stellen, aufhängen
Heidelbeere (Vaccinium myrtillus)	Zweige	aufrecht stellen, auslegen
Johanniskraut (Hypericum perforatum)	blühende und fruchtende Stiele	auslegen, aufhängen
Kamille (Chamomilla recutita, Matricaria perforata)	blühende Stiele	auslegen, aufhängen
Klette (Arctium tomentosum)	Fruchtstände	aufrecht stellen, auslegen, aufhängen
Knautie (Knautia arvensis)	Blütenstiele und Knospen	aufrecht stellen, auslegen, aufhängen
Königskerze (Verbascum thapsus, V. densiflorum)	ganze Blüten- und Fruchtstände	aufrecht stellen, aufhängen
Kohldistel (Cirsium oleraceum)	blühende und verblühte Pflanzen	auslegen, aufhängen
Nachtkerze (Oenothera biennis)	Blüten- und grüne Fruchtstände	aufrecht stellen, aufhängen
Pastinak (Pastinaca sativa)	blühende und fruchtende Stiele	aufrecht stellen, aufhängen
Pfeilkresse (Cardaria draba)	Fruchtstände	auslegen, aufhängen
Rainfarn (Chrysanthemum vulgare)	Blütenstände	aufrecht stellen, aufhängen
Roßminze (Mentha longifolia)	blühende und abgeblühte Pflanzen	auslegen, aufhängen
Sauerampfer (Rumex acetosella, R. crispus, R. acetosa)	noch grüne Fruchtstände	aufrecht stellen, aufhängen
Schafgarbe (Achillea millefolium)	Blütenstände	aufrecht stellen, aufhängen, Glyzerin
Schilf* (Phragmites australis)	Blätter, Blütenstände	aufrecht stellen, auslegen, aufhängen

Vogelwicke (*Vicia cracca* und andere Arten)	Blüten und ganze Pflanzen	auslegen, aufhängen, Presse
Waldrebe (*Clematis vitalba*)	blühende Zweige fruchtende Zweige	auslegen, Glyzerin Glyzerin
Wasserdost (*Eupatorium cannabinum*)	blühende Pflanzen	aufhängen
Wegerich (*Plantago major*)	Fruchtstände Blätter	auslegen, aufhängen auslegen, Presse
Weidenröschen (*Epilobium angustifolium*)	Blütenstände und später Fruchtstände	aufrecht stellen, aufhängen
Wiesenkerbel (*Anthriscus sylvestris*)	einzelne Döldchen	Presse
Wilde Karde (*Dipsacus sylvestris*)	ganz kurze Fruchtstände (oder auch die ganze Pflanze)	aufrecht stellen, aufhängen
Wilde Möhre (*Daucus carota*)	blühende Pflanze und noch unreife Fruchtstände	auslegen, aufhängen
Wilde Resede (*Reseda lutea*)	noch grüne Fruchtstände	aufrecht stellen, aufhängen

Herbst

Ahorn (*Acer*-Arten)	grüne Früchte ab Juli, Zweige mit Früchten Blätter	aufrecht stellen, auslegen Presse, Glyzerin
Buche (*Fagus sylvatica* mit Sorten)	Früchte, Zweige mit Früchten Blätter	auslegen Presse, Glyzerin
Eberesche (*Sorbus aucuparia*)	fruchtende Zweige ab Juli-August	auslegen, Glyzerin
Eiche (*Quercus robur, Q. petraea*)	Früchte, Zweige mit Früchten Blätter (nicht zu spät sammeln!)	auslegen Presse, Glyzerin
Erle (*Alnus glutinosa, A. incana*)	Früchte	auslegen

Hainbuche *(Carpinus betulus)*	Fruchtstände	auslegen, Glyzerin
Heckenrose *(Rosa canina)*	Fruchtstände	auslegen, Glyzerin
Heidekraut *(Calluna vulgaris)*	ganze Pflanzen	auslegen, Glyzerin
Hopfen *(Humulus lupulus)*	noch grüne, fruchtende Ranken	auslegen
Kastanie *(Castanea sativa)*	Früchte, Zweige mit Früchten	auslegen
Liguster *(Ligustrum vulgare)*	fruchtende und nicht fruchtende Zweige	Glyzerin
Linde *(Tilia cordata, T. platyphyllos)*	Fruchtstände	auslegen
Platane *(Platanus)*	Früchte, Zweige mit Früchten	auslegen
	Blätter	auslegen, Presse, Glyzerin
Waldrebe *(Clematis vitalba)*	Fruchtstände, wenn noch jung und grün	auslegen, Glyzerin
Weißdorn *(Crataegus laevigata, C. monogyna)*	fruchtende Zweige	Glyzerin
Wiesen-Bärenklau *(Heracleum sphondylium)*	Fruchtstände, auch leere	kein besonderes Verfahren, da im Herbst schon trocken
Wiesen-Flockenblume *(Centaurea jacea)*	Fruchtstände, auch leere	kein besonderes Verfahren, da im Herbst schon trocken

enthält. In der Regel sind die streng geschützten Pflanzen auch sehr selten und kommen dem »Unkrautsammler« sicher nur per Zufall unter die Augen. Es gibt aber Plätze, wo solche Seltenheiten in großer Zahl wachsen, und dann wäre es nun wirklich ein Jammer, wenn aus lauter Unkenntnis ein nicht wieder gutzumachender Schaden entstünde, den man noch dazu auf gar keinen Fall will. Wo aber zum Beispiel Schlüsselblumen wirklich in Massen bühen, ist es sicherlich ohne Belang, wenn jemand ein paar wenige Blüten zum Pressen abpflückt.

Darüber hinaus ist es richtig, auch nur teilweise geschützte Pflanzen in Ruhe zu lassen. Der Schutz bezieht sich dabei nur auf den Wurzelstock (das Ausgraben) oder auf das massenhafte gewerbliche Sammeln. Hier gilt es also zu unterscheiden und abzuwägen. Am besten läßt man von solchen Pflanzen ganz die Finger. Unabhängig von den Naturschutzverordnungen sollte es selbstverständlich sein, daß auch von nicht geschützten Pflanzen, sofern nur ein paar wenige Exemplare vorhanden sind, nichts geerntet wird, denn nur so können sie aussamen und sich weiter verbreiten. Ist der Samen ausgefallen, bleiben vielleicht die leeren Fruchtstände zurück, und diese sind ohne Samen genauso schön.

Vorsicht und Rücksicht ist geboten, wo es sich um geschlossene Lebensgemeinschaften, insbesondere Biotope handelt, die in unserer dicht besiedelten Landschaft sowieso immer weniger werden. – Es gibt andere, unbedenklichere Orte, an denen reichlich zu finden und zu holen ist: auf Zeit brachliegende Äcker, aufgeschüttete Haufen an Feldrainen, die nähere Umgebung alter aufgelassener Abfallplätze, Weg- und Wiesenränder, Straßengräben. Solche Stellen sind oft die dankbarsten Fundorte. Natürlich kann ein Straßengraben ebenso ein schützenswertes Biotop darstellen. (Es gibt Gräben, in denen Orchideen wachsen.) Hier müssen wir uns ernsthaft sachkundig machen. Wer Pflanzenkenntnisse besitzt, der weiß auch um die jeweiligen Nachbarn und Gemeinschaften, der kennt die Zusammenhänge und ist in der Lage, Hinweise der Umgebung miteinzubeziehen und ein eventuelles Pflück-Tabu daraus abzuleiten.

Daß in Naturschutzgebieten nicht gesammelt wird, ist selbstverständlich. Dort dürfen gar keine Pflanzen, auch keine nicht geschützten Gattungen und Arten, gepflückt werden. Wer für gewerbliche Zwecke in den übrigen (Wald-)Gebieten sammeln will, braucht einen Sammelschein, den die Forstämter, die zuständigen unteren Naturschutzbehörden – in der Regel die Landratsämter – oder Ortspolizeibehörden ausstellen.

Winter und Nachwinter
Im Winter und Nachwinter, wenn die Natur noch scheinbar erstarrt ist, läßt sich entdecken, was von Herbst übriggeblieben ist. Draußen erscheint alles ohne Farbe, ohne Leben, und es sind eher die »leisen« Töne, die ja nicht unfarbig sind und die zurückhaltenden Formen, die den Blick auf sich lenken. Im Nachwinter sehen die stehengebliebenen Gräser, das Schilf, die Binsen und Simsen schön aus. Die Winterwitterung ist über sie hinweggegangen und hat sie ausgebleicht. Die unbelaubten Zweige von Bäumen und Sträuchern mit betonten Wuchsformen können gesammelt werden. Sehr oft finden sich um diese Jahreszeit gefällte Bäume, ausgeputztes Obstgehölz oder zurückgeschnittene Hecken. Leicht lassen sich bei solchen Gelegenheiten bizarre Zweige und Ästchen finden. Zu den Gehölzen mit schön bewegten Formen zählen Birken, Eichen, Apfel- und Birnbaum, Ahorn, Hartriegel, Schlehe, Kiefer und Weißdorn (aber Vorsicht, er trägt starke Dornen!). Neben gefällten Bäumen liegen oft Rindenstücke mit interessanten Strukturen und Farbtö-

Flechten und Moose sammelt man im Nachwinter. Man läßt sie einfach trocknen.

nungen, wie sie zum Beispiel Kiefer, Birke, Buche und Eiche aufweisen. Um diese Zeit, wenn es die Witterung erlaubt und der Blick nicht von vielem anderen abgelenkt wird, suchen wir kleine Baumschwämme, Flechten und verschiedene Moose. Alle die erwähnten Pflanzenteile sind durch einfaches Trocknen haltbar zu machen. Größere Baumschwämme, Rindenstücke und Holzfunde streichen wir am besten ein- bis zweimal mit einem biologischen Holzschutzmittel an, um sicher zu gehen, daß keine Mikroorganismen oder Insekten das Stück im Laufe der Zeit zerbröseln.

Dem Nachwinter, in dem alles ohne Leben scheint, sind die matten, gedämpften Farben zu eigen. Aber im zeitigen Frühjahr, wenn draußen allmählich vieles frischgrün wird, tauchen die ersten bunten Farben auf. Es sieht gar nicht so sehr danach aus, daß sich von diesen ersten, fast immer zarten Pflanzen und Blumen etwas zum Konservieren eignen könnte. Es sind aber einige darunter, mit denen allerlei anzufangen ist, wie Gänseblümchen, Veilchen, Frühlings- und Erdbeerfingerkraut, Scharbockskraut und Buschwindröschen (siehe Tabelle). Diese kleinen Frühlingsblumen sind für verschiedene Arbeiten vor allem flächiger Art ein idealer Werkstoff. Fast alle lassen sich gut in der Blumenpresse trocknen.

Neben den in der Tabelle aufgeführten Pflanzen eignen sich zum Trocknen noch eine Reihe anderer, wie zum Beispiel verschiedene Ehrenpreis-Arten *(Veronica)* oder Hungerblümchen *(Draba)*. Wer hinausgeht und weiteres Material sucht, sollte sich vorstellen können, wie sich die frische Pflanze während des Konservierungsprozesses ändert.

Frühling
Nach dem ersten Frühlingsanfang mit einer beschränkten Zahl von geeigneten Pflanzen folgt schon etwas später eine ziemliche Fülle von möglichen Blumen- und Blattwerkstoffen. Jetzt fällt es bereits schwer, eine Wahl zu treffen, die aber notwendig ist, denn die Fülle des Sommers mit all den Herrlichkeiten kommt schließlich noch! Die Tabelle nennt nur eine kleine Auswahl von Frühlingsblumen. Im späten Frühling oder Frühsommer sind dann auch die ersten Gräser zu sammeln und zu trocknen (siehe Seite 52).

Sommer
Feldmohn ist zwar sehr zart, er gibt dennoch sehr schöne Ergebnisse, wenn man ihn preßt oder hängend trocknet. Auf das Sammeln von Kornblumen und Feldrittersporn sollte man doch besser verzichten, auch wenn sie nicht unter Naturschutz stehen. Sie sind leider viel zu selten geworden und für ihren Fortbestand darauf angewiesen, sich durch Samen zu vermehren. Einjährige Kräuter haben eben keine andere Möglichkeit, sich zu verbreiten. Dankbare Materialien sind statt dessen Apfelblüten, Hornklee, Huflattich- bzw. Haselwurzblätter, um nur einige Beispiele zu nennen.

Im Garten und bei jedem Spaziergang lassen sich geeignete Pflanzen für das Konservieren entdecken. Oben links: Gartenmohn. Oben rechts: Wohlriechende Reseda oder Gartenresede. Unten links: Wiesenblumen wie Margerite, Witwenblume, Wiesensalbei, Großer Storchschnabel bieten sich für Experimente an. Unten rechts: Vogelwicke.

Einige Pflanzen haben im Sommer schon Fruchtstände ausgebildet, viele andere stehen in schönster Blüte. Blumen und Blätter sind nicht mehr so empfindlich wie im Frühling und lassen sich gut trocknen und konservieren. In bezug auf die Bedeutung der einzelnen Konservierungsmethoden verschieben sich jetzt die Schwerpunkte. Das Pressen tritt zugunsten des jetzt häufigeren Trocknens etwas zurück. Glyzerin taucht als Trocknungsmittel noch kaum auf, und die speziellen Verfahren mit Silica-Gel, Borax, Waschpulver sind eher für größere Blüten, etwa für Gartenblumen, vorgesehen, weil es uns dabei mehr um die Einzelblüte geht. Um diese Zeit empfiehlt es sich, folgendes zu sammeln: Blätter und Blütenstände vom Schilf, Witwenblume, Vogelwicke und weitere Wicken-Arten, von denen einzelne Blüten auch gepreßt werden können; ihre zumeist intensiven Rot- und Blautöne bleiben dabei gut erhalten. Daneben bieten sich an: Engelwurz, Schafgarbe, Wilde Reseda, Wiesenflockenblume, Blutweiderich und Wilde Möhre. Das Ackerhellerkraut sieht am schönsten aus, wenn die Früchte noch grün sind.

Der Wiesenkerbel, der im Mai das Bild der Wiesen bestimmt, stellt sicher nicht das beste Doldengewächs zum Trocknen dar, er fällt dabei meist etwas zusammen. Zum Pressen eignen sich dagegen die einzelnen Döldchen des zusammengesetzten Blütenstandes mit ihrem hübschen Sternmuster. Allerlei Doldengewächse, die sich oft ähneln, kann man um diese Zeit oder noch später, wenn sie schon abgeblüht sind,

sammeln. Die Tabelle führt eine Reihe von Pflanzen auf. Neben dem Johanniskraut und den Kamillen spielen im Sommer die Gräser und Getreide-Arten eine besonders wichtige Rolle.

Manche der genannten Pflanzen sind in verschiedenen Entwicklungsstadien verwendbar: als Blütenstand, nach dem Abfallen der Blütenblätter, im Stadium, wenn die Fruchtansätze grün sind, ferner als Samenstand und auch noch, wenn die Samen bereits ausgefallen sind, so daß sich die Ernte von Juni–Juli bis in den Oktober oder November hinein erstrecken kann.

Der Übergang vom Sommer zum Spätsommer verläuft fließend, am Vegetationsbild ist dies nur daran zu erkennen, daß die blühenden Pflanzen etwas weniger, die fruchtenden eher häufiger vorkommen. Jetzt gibt es sehr viel zu ernten, zu den vorher schon genannten Pflanzen kommen Waldrebe, Pastinake, Weidenröschen, Braunwurz, Nachtkerze und Rainfarn sowie verschiedene Disteln (Karden-, Kohlkratzdistel) hinzu. Viele Distel-Arten, die sich naturgemäß gut zum Trocknen eignen, sind ziemlich stachelig, lassen sich aber nur mühevoll ernten und hinterher verwenden. Silber- und Golddisteln stehen unter Naturschutz! Besondere Erwähnung verdienen die Fruchtstände und Blätter vom Breitwegerich.

Herbst

Im Herbst bieten vor allem die Fruchtstände von Blütenpflanzen eine reiche Ernte. Manchmal ist auch noch die eine oder andere nachblühende Blume zu finden, so holen wir Versäumtes und

Buntes Laub benötigen wir für allerlei herbstliche Arbeiten. Buchenzweige erhalten sich gepreßt recht gut.

Erwünschtes nach. Vieles des jetzt geernteten Materials ist bereits weitgehend trocken. Oft ist nur ein leichtes Nachtrocknen nötig. Die Methode des Pressens tritt weiter in den Hintergrund, dafür ist jetzt Hochkonjunktur für Glyzerin.

Zu den bereits genannten Pflanzen kommen Heidekraut, Hagebutten, Fruchtstände von Waldrebe, Linde, Erle, Weißdorn, Eberesche und Liguster, außerdem Früchte und Fruchtzweige von Eichen, Buchen, Ahorn, Platanen, Kastanien. Will man die Ahornfrüchte grün haben, muß man ab etwa Juli sammeln, und für die grünen Schalen der Kastanien ist der August die beste Zeit. Hübsch sehen die zapfenartigen Früchte des Hopfens aus. Weil der Hopfen in der Natur selten vorkommt, wird man sich Material aus dem Anbau besorgen.

Das herabfallende oder sich lösende Laub darf nicht vergessen werden. Es gibt Unterschiede in der Blattbeschaffenheit, die für die Haltbarkeit ausschlaggebend sind. Gut trocknen, pressen und in Glyzerin legen läßt sich das Laub von folgenden Bäumen: Eiche, Ahorn, Platane, Buche. Es ist ausreichend stabil und fest in der Substanz.

Auch nach der eigentlichen Erntesaison läßt sich, je nach Witterung, weiter sammeln. Im Wald ist sogar noch ab und zu grünes Gras zu finden. Die letzten verbliebenen Fruchtstände oder Blütenböden, bei denen die Samen ausgefallen sind, kommen hinzu, zum Beispiel vom Wiesenbärenklau und der Wiesenflockenblume. Die Saison ist abgeschlossen, der Winter kommt und schon beginnt der Kreislauf mit Moosen, kahlen Zweigchen...

Kulturpflanzen als Trockenmaterialien

Pflanzen aus dem Unterglasanbau

Neben den Wildpflanzen, die für viele Arbeiten Struktur und Volumen liefern, bringen uns die Garten- und Ge-

25

wächshauspflanzen unter anderem Farbe und gestalten das Vorhaben, erhalten und konservieren zu wollen, interessant und abwechslungsreich.

Die Zahl der geeigneten Pflanzenarten ist beinahe unübersehbar groß, und die Wahl fällt schwer, gleich, ob es sich um die Produkte aus dem eigenen Garten handelt oder um gekaufte Pflanzen aus den Blumengeschäften, Gärtnereien und Gartencentern. Ja, selbst manche Zimmerpflanze muß (und kann) auf das eine oder andere Blatt verzichten. Und ehe ein Blumengebinde verblüht und unansehnlich geworden auf den Kompost oder in die Mülltonne wandert, wird versucht, vielleicht eine Blüte daraus zu trocknen.

Bei den meisten käuflichen Pflanzen gibt es Angebotshöhepunkte; in dieser Zeit liegen die Preise recht günstig. Dann müssen wir zugreifen und nicht, wenn gerade die ersten oder eben noch die letzten Exemplare im Angebot sind. Zu beachten ist, daß für Schnittblumen aus dem Gewächshaus die ursprüngliche, naturgegebene Blütensaison oftmals vom Hauptangebotstermin abweicht, der jedoch den Ausschlag für die Preisentwicklung gibt. Wir können hier nicht alle Pflanzen berücksichtigen, die aus den Gewächshäusern auf den Markt kommen, sondern die Tabelle beschränkt sich auf die wichtigsten, die wir im normalen Angebot vorfinden.

Winter
Im Winter sind Gewächshausblumen kaum preisgünstig zu haben, und im Grunde genommen könnte man auf sie verzichten, wenn es nicht doch die eine oder andere gäbe, welche eben nur dann offeriert wird, und mit der wir durchaus etwas anfangen können. Solche typischen Winterblumen sind Christrosen. Wer keine solche Staude im Garten hat, von der er später ein paar Stiele wegnehmen kann, muß, will er welche konservieren, sie jetzt kaufen. Christrosen sind nie billig, können es auch gar nicht sein. Will man sie allein für Konservierungszwecke erstehen, holt man die Blüten besser nicht gerade vor Weihnachten – danach sind sie oft um einiges günstiger. (Oder man sieht sich schon im Oktober danach um, wenn sie noch niemand haben will.) Es lassen sich auch noch solche Blumen verwenden, die schon beinahe verblüht sind (etwa aus einem geschenkten Christrosen-Sträußchen). Richtig schön werden aber nur die frischen, makellosen Exemplare.

Es gibt weitere Winterblüher, die es lohnt zu konservieren. Vom Alpenveilchen eignen sich Blätter und Blüten, die etwas kleineren Mini-Alpenveilchen sind ebenfalls zu empfehlen (geeignete Methoden siehe Tabelle).

Bei den Kamelien, diesen kostbaren Topfpflanzen, fällt es schwer, einfach Blütentriebe und Laubzweige abzuschneiden, obwohl sie dies durchaus vertragen würden, denn Kamelien erreichen im Kübel eine recht stattliche Größe, sofern sie an einem entsprechend hellen Platz mit nicht zu hoher Wärme stehen. Einzelne Blüten, die die Pflanze abwirft, sehen konserviert hübsch aus. Kamelien-Laubzweige kommen aus Italien ab Dezember als Schnittgrün in denn Handel. Wenn sie

Geeignete Pflanzen für das Konservieren. Pflanzen aus dem Unterglasanbau

Winter		
Alpenveilchen, Mini-Alpenveilchen *(Cyclamen persicum)*	Blüten	auslegen, Presse, Waschpulver, Silica-Gel
	Blätter	auslegen, pressen (Presse oder Bügeleisen), Waschpulver, Borax, Wachsüberzug
Christrose *(Helleborus niger)*	Blüten	Borax, Silica-Gel
Kamelie *(Camellia japonica)*	Blüten	Borax, Silica-Gel, Wachsüberzug
	Blätter	auslegen, Presse
	belaubte Zweige (siehe Text)	Glyzerin
Frühling		
Anemone *(Anemone coronaria)*	Blüten	auslegen, aufhängen, Presse, Borax, Silica-Gel Waschpulver
	weiße Blüten	
Flamingoblume *(Anthurium andreanum, A.-Scherzerianum-Hybriden)*	Blüten und Blätter	auslegen, aufhängen, Borax, Silica-Gel
Hortensie *(Hydrangea-Arten)*	Blütenstände	aufrecht stellen
	Einzelblüten (siehe Text)	Presse
Islandmohn *(Papaver nudicaule)*	geöffnete Blüten	auslegen, aufhängen, Presse
Lilie *(Lilium lancifolium, L. martagon, L. bulbiferum, L. longiflorum und andere Arten)*	Einzelblüten, bei kleinblumigen Arten wie zum Beispiel *L. martagon* auch ganze Blütenstände	auslegen, Presse, Waschpulver, Borax, Silica-Gel
Narzisse *(Narcissus pseudonarcissus, N. tazetta, N. poeticus)*	Blütenstiele	aufrecht stellen, auslegen, aufhängen, Waschpulver, Borax, Silica-Gel
	besonders flache Blüten	Presse

Nelke *(Dianthus caryophyllus)*	Blüten	auslegen, aufhängen, Waschpulver, Borax, Silica-Gel
Pelargonie, Geranie *(Pelargonium-*Zonale- und *P.*-Grandiflorum-Hybriden)	Blüten und Blätter	auslegen, Presse, Silica-Gel
Ranunkel *(Ranunculus asiaticus)*	Blütenstiele	aufrecht stellen, auslegen, aufhängen, Waschpulver, Borax, Silica-Gel
Rose *(Rosa)*	halbgeöffnete Blüten und Knospen Blütenblätter und Blätter	auslegen, aufhängen, Presse, Waschpulver, Borax, Silica-Gel
Tulpe *(Tulipa)*	Blütenstiele mit und ohne Blätter	aufrecht stellen, auslegen, aufhängen, Presse, Silica-Gel, Wachsüberzug
	einzelne Blütenblätter	auslegen, Presse
Veilchen *(Viola odorata)*	Blüten und Ministräußchen	Borax, Gummi arabicum (mit und ohne Zucker), Silica-Gel
	Blüten	Presse
	Ministräußchen	aufhängen
Sommer und Herbst		
Ananasgewächse *(Aechmea, Nidularia, Tillandsia, Vriesea* und andere)	ganze Pflanzen	auslegen, aufhängen
Calla *(Zantedeschia aethiopica)*	Blütenstände	auslegen, aufhängen, Borax, Silica-Gel
Hahnenkamm *(Celosia argentea* var. *cristata)*	Blütenstände	auslegen, aufhängen
Inkalilie *(Alstroemeria-*Ligtu-Hybriden)	Einzelblüten und Blütenstände	Waschpulver, Borax, Silica-Gel

Passionsblume *(Passiflora caerulea* und andere Arten)	Einzelblüten und blühende Ranken	Borax, Silica-Gel
Philodendron *(Monstera deliciosa)*	Blütenstand	auslegen, aufhängen
Schönmalve *(Abutilon*-Hybriden)	einzelne Blüten	Borax, Silica-Gel
Topfpflanzen	kleine Blätter	auslegen, Presse, Silica-Gel

nicht lange gelagert wurden, kann man sie in Glyzerin einstellen. Zum Frühling hin tauchen dann in den Blumengeschäften und Gärtnereien Primeln, Anemonen und Ranunkeln auf, ebenso Narzissen, Tulpen und Veilchen.

Anthurien stammen ursprünglich aus den Tropen, es gibt diese Pflanzen das ganze Jahr über (auch als Importblumen aus Übersee). In der Frühjahrszeit verdienen die kleinen Anthurien (Sorten von *Anthurium scherzerianum*) besondere Beachtung, allerdings sind sie relativ selten als Schnittblume, aber häufiger als Topfpflanze zu haben. Beide Anthurien-Arten *(A. andreanum* und *A. scherzerianum)* können getrocknet werden.

Frühling

Die folgenden Blumen sind teilweise schon ab November–Dezember auf dem Markt, Material zum Konservieren sollte man jeweils während der Angebotsspitze besorgen: Anemonen (besonders hübsch sind weiße Anemonen, in Waschpulver getrocknet), Ranunkeln, Narzissen, Tulpen. Die einzelnen Tulpenblütenblätter, sogar von verblühten und abfallenden Tulpen, haben noch einen Wert. Es empfiehlt sich, die losen Blütenblätter zu sammeln und zu trocknen. Veilchen kann man in Form kleiner Ministräußchen als Ganzes konservieren, einzelne Blüten eignen sich zum Pressen.

Auch andere Frühlingsblumen wie zum Beispiel Hyazinthen oder Freesien lassen sich ebenfalls leicht trocknen. Das Ergebnis befriedigt jedoch oft nicht so sehr, da die Einzelblüte im Verhältnis zum gesamten Blütenstand schwach wirkt. Ehe der Freesienstrauß oder die Hyazinthe weggeworfen wird, kann man probehalber die Blüten auslegen und sehen, was daraus wird. Auf diese Weise können wir mit vielen um diese Zeit anfallenden Blumen verfahren: Ehe etwas auf den Kompost wandert, versuchen wir lieber herauszufinden, wie die Pflanzenteile beim Trocknen reagieren.

Aus dem Gewächshausanbau stehen uns später Nelken zur Verfügung, ebenso Rosen und Lilien, Felsenmohn, Pelargonien und Hortensien. Nelken lassen sich insgesamt recht gut erhalten, wobei ziemlich weit erblühte (bis verblühte) Stiele schlechte Ergebnisse bringen.

Braun- und Rosétöne herrschen in dieser parallelen Anordnung vor. Man muß schon eine Zeitlang sammeln und trocknen, bis man genug Pflanzen für so eine Arbeit zusammen hat.

Die Rose, für viele Lieblingsblume, zeigt sich beim Konservieren von ihrer besten Seite. Beinahe alles können wir mit ihr machen, die Blüten dürfen nur nicht zu weit erblüht sein, sonst fallen nach dem Trocknungsprozeß alle Blütenblätter auseinander.

Lilien eignen sich bedingt zum Konservieren, unter Umständen können sie sehr hübsch aussehen. Ganze Blütenstände sind zu groß und auch schwierig zu handhaben, so daß immer nur eine Einzelblüte ausgewählt wird. Von den verschiedenen Typen bereiten allein wegen ihrer Größe die Lilienarten *Lilium longiflorum* und *L. rubrum* Schwierigkeiten. Im Ergebnis und weiterverarbeitet in ein Gebinde wirken sie sehr schön. Kleinere stark gefärbte Türkenbund-Arten bringen gute Resultate, wenn sie nur einfach zum Trocknen ausgelegt werden.

Der Felsenmohn steht hier unter Gewächshausblumen, obwohl er bei uns selten zum Schnitt angebaut wird. Wir bekommen ihn im späten Winter als ersten Frühlingsgruß aus Italien importiert. Er wirkt sehr duftig und zart, und er bewahrt noch in trockenem Zustand die Transparenz und Farbe seiner dünnen Blütenblätter.

Pelargonien (Geranien) und auch Edelpelargonien (sogenannte englische Geranien) werden als Topf- und Balkonpflanzen im Gewächshaus angezogen und kommen erst ab Mitte Mai ins Freie. Die Blüten lassen sich trocknen und behalten gut die Rottöne. Die Blätter, vor allem von buntlaubigen gelb-, rosa-, braun-, grüngebänderten Sorten ergeben einen sehr schönen Werkstoff. Leider gibt es diese hübschen bunten

Sorten bei uns nicht oft zu kaufen, vielleicht weil die Blüten nicht die Hauptattraktion der Pflanze darstellen.

Hortensien werden als Topf- und als Freilandpflanzen kultiviert, jedoch hat nicht jeder einen Garten, und die Topfpflanzen gibt es das ganze Frühjahr über bis in den Sommer hinein zu kaufen. Zum Konservieren eignen sich die kompletten Blütenstände sowie auch Einzelblüten. Die Einzelblüten werden am besten dann, wenn ihre Farbe am kräftigsten ist, gepreßt. Die gesamte Dolde nehmen wir, wenn sie etwas hart geworden ist, das heißt wenn die eigentlichen winzigen Blütchen inmitten der dekorativen Hochblätter verblüht sind. Hortensien werden einfach nur getrocknet, weil sie beides, Farbe und Form, so sehr gut halten. Glyzerin eignet sich nur bedingt als Konservierungsmittel, zum einen, weil alles braun wird, zum andern, weil die Flüssigkeit oft gar nicht bis zur obersten Spitze gelangt, da die Hortensie meistens nicht in der Lage ist, das Glyzerin aufzusaugen (siehe Seite 86).

Sommer bis Herbst
Im Anschluß an die Frühjahrssaison sind Freilandpflanzen an der Reihe. Sie gibt es auch aus dem Treibhaus. Wir zählen sie zu den Schnittblumen der Beete und Freiflächen. Aber auch im Lauf des Sommers kommt noch einiges aus den Glashäusern, welches sich lohnt, haltbar gemacht zu werden. Dazu gehören Schnittblumen wie Alstroemerien, *Calla*, Celosien oder Topfpflanzen wie *Philodendron*, Passionsblumen, verschiedene Bromelien, *Abutilon* und *Veronica*.

Alstroemerien-Stiele sind zuweilen ausgesprochen reichblütig. Sie werden in ihre einzelnen ziemlich robusten Blüten aufgeteilt und verarbeitet.

Calla-Blüten sind ziemlich groß, flächig und schon aus diesem Grund schwer zu konservieren. Aus Versehen trocken gewordene *Calla*-Blüten zeigen aber doch, daß man sich ihrer ein bißchen genauer annehmen kann.

Celosien mit ihren samtig dunkelrot bis braun-orangen Tönen und ihren Blütenständen in oft beträchtlichen Größen gibt es bereits als fertig getrocknete Blumen zu kaufen. Solche Blumen kommen vielfach aus Spanien, wo sie die für eine gute Blütenentwicklung nötige Wärme bekommen. Im übrigen gibt es sie ab Sommer frisch zu kaufen, in der Hauptsaison August–September werden sie preisgünstig angeboten. Die Schnittcelosie ist ausreichend stabil zum Selberkonservieren.

Pflanzen aus dem Freilandanbau

Das reichhaltigste Angebot bietet das Freiland, seien es nun selbst angebaute oder im Geschäft oder der Gärtnerei gekaufte Pflanzen. Beinahe das ganze Jahr über gibt es etwas zum Konservieren, zum Ausprobieren, zum Experimentieren. Vom Spätwinter bis zum Frühjahr dominieren die Zwiebelpflanzen, durchsetzt mit anderen Frühlingsblühern. Genauso wie bei den Gewächshausblumen schon erwähnt, sollten die Hauptblütezeiten genutzt werden.

Geeignete Pflanzen für das Konservieren. Pflanzen aus dem Freilandbau

Winter

Buchsbaum (*Buxus sempervirens* und Sorten)	Laubzweige	aufrecht stellen, auslegen, aufhängen, Glyzerin
Efeu (*Hedera helix* und Sorten)	einzelne Blätter und belaubte Zweige	aufrecht stellen, auslegen, aufhängen, Glyzerin
Erika (*Erica herbacea*)	ganze Pflanzen und einzelne Stiele	aufrecht stellen, auslegen, aufhängen, Glyzerin
Ginster (*Genista tinctoria* u. a.)	einzelne Stiele	aufrecht stellen, auslegen, aufhängen, Glyzerin
Immergrüne Gehölze: Eibe *(Taxus)*, Kiefer *(Pinus)*, Scheinzypresse *(Chamaecyparis)*, Wacholder *(Juniperus)*	kleinere oder größere Zweige	aufrecht stellen, auslegen, aufhängen, Silica-Gel, Glyzerin
Schneeglöckchen (*Galanthus nivalis*)	ganze Pflanze und Einzelblüher	pressen, Waschpulver, Borax, Silica-Gel
Stechpalme (*Ilex aquifolium* und andere Arten und Sorten)	einzelne Blätter und belaubte Zweige	aufrecht stellen, auslegen, aufhängen, Glyzerin
Winterling (*Eranthis hyemalis*)	Einzelblüten	Presse
Gehölze, Stauden, Kräuter	(meist leere) Fruchtstände	aufrecht stellen, auslegen, aufhängen

Frühling

Gänseblümchen (*Bellis perennis*)	Einzelblüten	auslegen, Borax, Gummi arabicum
Gartenaurikel (*Primula pubescens*)	Blüten	Presse, Waschpulver, Borax, Silica-Gel
	Blätter	Presse
Gehölze: Flieder *(Syringa)*, Zierapfel *(Malus)*, Zierkirsche *(Prunus)*	blühende Zweige (auch wenn sie noch nicht ausgereift sind)	Glyzerin

Kugelprimel (*Primula denticulata*)	Blütenstände	Waschpulver, Borax, Silica-Gel
Nelkenwurz (*Geum*-Hybriden)	Blüten	Presse
Salomonsiegel (*Polygonatum odoratum, P. multiflorum* u. a.)	ganze Stiele Blätter Blüten	pressen, Glyzerin
Stiefmütterchen (*Viola*-Wittrockiana-Hybriden)		Presse, Waschpulver, Borax, Silica-Gel
Tränendes Herz (*Dicentra spectabilis*)	Einzelblüten, Blütenstände	Presse, Gummi arabicum
Traubenhyazinthe (*Muscari botryoides* und andere Arten)	Blütenstände	auslegen, Presse, Silica-Gel

Tulpen, Narzissen, Veilchen und andere Frühjahrsblüher siehe Pflanzen aus dem Unterglasanbau

Sommer

Calocephalus brownii	ganze Pflanze	aufrecht stellen, auslegen, aufhängen
Ehrenpreis (*Veronica longifolia, V. spicata*)	Blütenstände	auslegen, aufhängen, Glyzerin
Elfenblume (*Epimedium grandiflorum, E. pinnatum* und viele weitere Arten und Sorten)	Blätter	auslegen, aufhängen, Glyzerin
Färberdistel (*Carthamus tinctorius*)	Blütenstiele	aufrecht stellen, auslegen, aufhängen
Frauenmantel (*Alchemilla mollis*)	ganze Pflanzen Blütenstände und einzelne Blätter	auslegen, aufhängen, Presse, Glyzerin
Funkie (*Hosta*-Arten und Sorten)	Blätter	auslegen, aufhängen, Glyzerin
Gartenfuchsschwanz (*Amaranthus caudatus*)	Blütenstände	aufrecht stellen, auslegen, aufhängen

Gräser	Rispen, Blätter, ganze Pflanzen	aufrecht stellen, aufhängen

Beispiele: Chinaschilf *(Miscanthus floridulus, M. sinensis)*, Federborstengras *(Pennisetum setaceum, P. alopecuroides)*, Federgras *(Stipa barbata, S. pennata, S. capillata)*, Hasenschwanzgras *(Lagurus ovatus)*, Mähnengerste *(Hordeum jubatum)*, Pampasgras *(Cortaderia selloana)*, Rasenschmiele *(Deschampsia cespitosa)*, Rutenhirse *(Panicum virgatum)*, Silberrährengras *(Achnatherum calamagrostis)*, Straußgras *(Agrostis nebulosa)*, Zittergras *(Briza maxima)*

Jungfer im Grünen *(Nigella damascena)*	Blüten	auslegen, aufhängen, Borax, Silica-Gel
Kreuzkraut *(Senecio-*Cruentus-Hybriden)	Blätter und Blatt-Triebe	aufrecht stellen, auslegen, aufhängen
Meerlavendel *(Limonium latifolium, L. vulgare* und andere Arten)	blühende Stiele	auslegen, aufhängen, Glyzerin
Mohn *(Papaver orientale)*	einzelne Blütenblätter	Presse
Muschelblume *(Moluccella laevis)*	ganze Stiele (genauere Hinweise im Text)	aufhängen, Glyzerin
Nelken *(Dianthus* in vielen Arten)	Blütenstiele und kleine Blattbüschel	auslegen, aufhängen
Pfingstrosen *(Paeonia-*Lactiflora-Hybriden)	Blüten	Silica-Gel, pressen mit Bügeleisen, Backofen
Pompondahlie *(Dahlia-*Hybriden)	einzelne Blüten	auslegen, aufhängen, Borax, Silica-Gel
Rittersporn *(Delphinium consolida, D. ajacis)*	Blütenstände	aufhängen
*Delphinium-*Hybriden	Einzelblüten, Blütenstände	auslegen, aufhängen, Presse, Borax, Silica-Gel

Rudbeckia *(Rudbeckia fulgida, R. hirta* und andere Arten und Sorten)	Blütenstiele kräftig gelbe Blüten	aufrecht stellen, auslegen, aufhängen Borax, Silica-Gel
Sonnenblume *(Helianthus annuus, H. rigidus* und andere Arten)		aufrecht stellen, auslegen, aufhängen
Stockrose *(Alcea rosea)*	Einzelblüten	auslegen, Borax, Silica-Gel
Storchschnabel *(Geranium renardii, G.* × *magnificum, G. dalmaticum* und andere Arten)	Blätter	auslegen, aufhängen, Glyzerin
Waldrebe *(Clematis* in vielen Arten und Sorten)	Blatt- und Blütentriebe Einzelblüten	auslegen, aufhängen, Glyzerin Presse
Wiesenraute *(Thalictrum diperocarpum, T. flavum* ssp. *flavum* und andere Arten	Blütentriebe	auslegen, aufhängen, Glyzerin
Zinnie *(Zinnia elegans)*	einzelne Blüten	auslegen, aufhängen, Borax, Silica-Gel
Einjährige Beetblumen: Kornblume *(Centaurea cyanus)*, Leberbalsam *(Ageratum houstonianum*, Salbei *(Salvia viridis)*, Ringelblume *(Calendula efficinalis)* und ähnliche	als kleine Sträußchen zusammengefaßt und einzelne Stiele	aufhängen, trocknen im Backofen
Klein- und großblütige Sommerblumen:	einzelne Blüten, Blütenstände	auslegen, aufhängen

Alant *(Inula magnifica)*, Alpendistel *(Eryngium alpinum)*, Golddistel *(Scolymus hispanicus)*, Goldrute *(Solidago-*Hybriden), knospig (!) geschnittene Kugeldistel *(Echinops ritro)*, Sammetblume *(Tagetes tenuifolia, T. patula)*, Sanvitalia *(Sanvitalia procumbens)*, Silberdistel *(Carlina acaulis)*, Sommerastern *(Callistephus chinensis)*

Blätter von Stauden	Blätter mit und ohne Stiele	auslegen

Bergenie *(Bergenia*-Hybriden), Eiche *(Quercus)*, Johanniskraut *(Hypericum calycinum)*, Pflaume *(Prunus cerasifera)*, Nieswurz *(Helleborus niger* und andere), Pachysandra *(Pachysandra terminalis)*, Pfingstrose *(Paeonia*-Lactiflora-Hybriden,*P. suffruticosa)*,Rhododendron*(Rhododendron*-Hybriden)

Blätter von Gehölzen:	belaubte Zweige	Glyzerin

Ahorn *(Acer)*, Felsenbirne *(Amelanchier)*, Hartriegel *(Cornus)*, Blutpflaume *(Prunus cerasifera,* Atropurpurea-Hybriden), Mahonie *(Mahonia aquifolium)*, Rotbuche *(Fagus sylvatica* und Sorten), Spierstrauch *(Spiraea)*, Zwergmispel *(Cotoneaster)*

Herbst

Astern *(Aster novae-angliae, A.*-Dumosus-Hybriden und andere)	Blütenstände und abgeblühte Stiele	aufrecht stellen, auslegen, aufhängen
Gehölze, Stauden, Kräuter	Fruchtstände	aufrecht stellen, auslegen, aufhängen
Gehölze, Stauden	Blätter	auslegen, pressen
Zierkohl *(Brassica oleracea* var. *acephala* f. *crispa)*	ganze Pflanzen und einzelne Blätter	aufrecht stellen, auslegen

Winter und Frühling

Das Jahr beginnt mit Schneeglöckchen und Winterlingen. Einige wenige Exemplare dieser ersten Blümchen binden wir zusammen und konservieren sie nach verschiedenen Methoden (siehe Tabelle). Einzelblüten kann man auch pressen. Dasselbe gilt für Narzissen, Tulpen und Veilchen (siehe Seite 57 und 63).

Von den Maßliebchen sind die pomponblütigen die besten und werden mit anderen kleinen Blütchen zusammen als Strauß verarbeitet. Ähnlich verfährt man mit Traubenhyazinthen. Die Blätter der Gartenaurikel zeigen ein schönes Hellgrün und sind robust. Vom Tränenden Herz verwendet man einzelne Herzchen oder kleine Blütenrispen.

Nelkenwurz-Blüten gibt es in leuchtendem Rot, Orange und Gelb, und sie eignen sich zum Pressen. Auch an Stiefmütterchen und Ballprimeln sollte man denken.

Im späten Frühling blühen Bäume und Sträucher. Einen Versuch wert ist es, Flieder-, Zieräpfel- und Zierkirschenblüten bzw. Blütenstände in eine Glyzerin-Lösung zu stellen. Obwohl jetzt nicht die Zeit für die Glyzerin-Konservierung ist, weil Zweig und Blatt noch nicht genügend dafür ausgereift sind, verleihen einige glyzerinisierte Blütenzweige manchen Gebinden eine besondere Ausstrahlung. Ebenfalls lohnt es sich, in Glyzerin einen Versuch mit Salomonsiegel zu starten, der jedoch unbedingt aus dem Anbau kommen muß!

Als nächste Blütenhöhepunkte folgen Mohn und Pfingstrosen. Vom großen Prachtmohn *(Papaver orientale)* eignen sich einzelne Blütenblätter besser als ganze Blüten. Die Pfingstrosen-Blüten sind zwar zuweilen riesig und deshalb etwas schwer zu trocknen, doch ein Versuch lohnt! Die ganze Blüte läßt sich in Silica-Gel, aber auch ohne Hilfsmittel getrocknet erhalten. Die einzelnen Blütenblätter – sie können schon abgefallen sein – kann man aufsammeln und trocknen. Vom Frauenmantel ist jeder Pflanzenteil in beinahe jeder Form zu verwenden.

Sommer

Die einjährig gezogenen Beetblumen wie Ringelblume, Leberbalsam, Kornblumen und Salvie eignen sich zum einfachen Trocknen. Sie verlieren dadurch viel Volumen, ergeben aber doch einen guten Werkstoff. Mit ihnen und ähnlichen anderen Sommerblumen gebundene kleine Sträußchen können im Ganzen getrocknet werden. Die Silica-Methode wäre hierbei zu aufwendig, man müßte sehr viel von dem Mittel nehmen, und die kompletten Gebinde sind nach dem Trocknungsprozeß viel zu bruchanfällig. Das einfache Trocknen läßt genug von den kräftigen Farben zurück, um die es ja hauptsächlich geht.

Rittersporn ist eine vielseitig verwendbare »Trockenblume«. Die einjährigen Arten *Delphinium consolida* und *D. ajacis* werden schon lang gezielt zu Trockenblumen angebaut. Vom Staudenrittersporn bieten sich sowohl Einzelblüten als auch der gesamte Blütenstand zum Konservieren an. Allerlei kleine und größere einjährige Staudennelken wirken schön, wenn etwas von ihrem Laub mit erhalten bleibt. Die *Nigella* ist als Trockenblume mit ihren Fruchtkapseln bekannt, nicht ganz so bekannt ist, daß die Blüte getrocknet werden kann und dabei sehr gut das schöne Himmelblau hält.

Kleinere Sammetblumen, Sanvitalien, Goldruten, Astern sowie Alant werden einfach getrocknet. Gleiches gilt für verschiedene Distel-Gattungen und -Arten. Die angebauten Silber- und Golddisteln läßt man nur trocknen, wobei die Golddistel viel seltener in den Gärten auftaucht, da sie im Vergleich zur beliebten Silberdistel nicht ausdauert. Alpen- und Kugeldistel sind problemlos durch Trocknen zu erhalten. Kugeldisteln dürfen nur knospig geschnitten werden, ehe die einzelnen blauen Blütchen sich auf der Kugel

Stellvertretend für viele andere zum Konservieren geeignete Gartenblumen stehen hier: Zittergras, Briza maxima (oben links), Pfingstrose, Paeonia (oben rechts), Jungfer im Grünen, Nigella damascena (unten links), Ringelblume, Calendula officinalis (unten links).

Die in Silica-Gel eingelegten Rittersporn-Blüten haben ihre blaue Farbe und ihre Form wunderbar behalten.

öffnen, sonst ist es zu spät fürs Konservieren. Während oder nach dem Trocknen würde die ganze Kugel auseinander fallen.

Schöne Dahliensorten, möglichst kleine, pomponartige, sind ideal zum Präparieren, dasselbe gilt für Zinnien und einzelne Blüten von Stockrosen. Die Arten der Wiesenraute und des Ehrenpreis wirken auch noch getrocknet leicht und elegant. Andere Staudenarten können ebenfalls getrocknet werden und lohnen sich für eine Glyzerin-Behandlung (Beispiele siehe Tabelle).

Herbst

Im Herbst ist die Zeit günstig, den Wintervorrat an Blättern von Stauden und Zweigen von Sträuchern und Bäumen anzulegen. Empfehlenswert sind neben den bisher genannten Pflanzen Blätter von *Pachysandra*, Christrosen, Pfingstrosen, Bergenien, Johanniskraut, Mahonien, Rhododendron. Von allen wird das Laub in Glyzerin eingestellt. Einzelne Blätter lassen sich einfach ausgelegt trocknen. Von den Gehölzen eignet sich alles, was nicht zu groß ist, mit Ausnahme von zu weichen Blättern. Das Material wird in Glyzerin-Lösung eingestellt. Beispiele sind die Blätter

on Hartriegel, Buche, Eiche, Ahorn (besonders von kleinblättrigen Arten), Spierstrauch, Zwergmispel, Blutpflaume, Felsenbirne.

Ferner darf man die einjährigen und die Staudengräser nicht vergessen. Nicht nur die Blüte, sondern auch das Graslaub ist ein wundervoller Werkstoff. Nur muß man sich vor dem Sammeln überlegen, was präpariert werden soll – Blatt oder Blüte –, denn danach richtet sich der Erntezeitpunkt. Wenn es um die Rispen geht, sind viele Gräser zur Blütezeit zu schneiden, andere vor der Samenreife, ganz wenige auch noch danach. Die häufigsten Einjahresgräser und Staudengräser sind in der Tabelle aufgelistet.

Von den Pflanzen aus der Herbsternte bringen die folgenden gute Ergebnisse, wenn man sie trocknet: Fuchsschwanz, Färberdisteln, Sonnenblumen, Rudbeckien, Kreuzkraut, *Calocephalus*. Die intensiv gelben Rudbeckien-Blüten sind schön für die Verarbeitung in Silica-Gel. Die vielfach zum Konservieren empfohlene Muschelblume aus dem Exotensortiment trocknet zwar gut und hält auch ihre hellgrüne Farbe, aber die Blüten fallen allzu leicht ab. Stiele der Muschelblume lassen sich mit einer Glyzerin-Behandlung stabilisieren, verlieren dann aber die Farbe.

Zum Ende der Saison geben die Herbststauden noch einmal Gelegenheit, Farbe für den Winter zu sammeln. Astern holt man sich während, aber auch nach der Blüte. Und der Herbst bietet im Sortiment der Blumengeschäfte genauso wie in der freien Natur ein riesiges Sortiment von Fruchtstän-

Passionsblumen entwickeln oft reichlich Blüten, so daß man ruhig ein bißchen damit experimentieren kann. Diese Blüte war in Silica-Gel eingelegt.

den, Blättern und letzten Pflanzenhöhepunkten. Als Beispiel sei der Zierkohl genannt, der erst dann, wenn es kalt geworden ist, seine charakteristische Färbung erhält.

Sind alle Blätter abgefallen und alle Blumen verblüht, findet sich immer noch hier und da etwas aus dem Freilandanbau: Koniferenzweige, Efeu, Erika, Stechpalme, Buchsbaum, Ginster. Dieses Pflanzenmaterial ist hart, robust, unempfindlich und eignet sich zum Trocknen wie zur Glyzerin-Behandlung, die natürlich nicht zwingend um diese späte Jahreszeit sein muß, sondern zur Glyzerin-Hauptzeit erfolgen kann. Wer jedoch keinen Garten hat, sondern auf das Angebot in den Geschäften angewiesen ist, kann das Einstellen in Glyzerin auch im November oder Dezember besorgen. Vielfach tauchen erst dann die schöneren Koniferen im Angebot auf. Am besten sind die Arten und Sorten von Scheinzypresse, Wacholder, Eibe. Von einigen dieser Gehölze gibt es Formen mit gelb-grüner Benadelung im Handel. Sie geben schön abgestufte Brauntöne nach der Behandlung in Glyzerin.

Topfpflanzen

Sogar einzelne Teile von Topfpflanzen – Blätter, Blüten oder Fruchtstände – eignen sich zum Konservieren. Die im folgenden erwähnten Kulturen werden zum Teil ganzjährig angeboten, andere blühen nur zu bestimmten Jahreszeiten.

Selten einmal gelingt es, einen Blütenstand des *Philodendron* zu ergattern. Er sieht aus wie ein breit und dick gewordener Aronstab, ist sehr stabil und von guter, fester Substanz.

Die grafisch interessant gebauten Blüten der Passionsblumen sehen reizvoll aus und sind einen Versuch wert, zumal die Pflanzen oft viele Blüten hervorbringen und die einzelne Blume aber schnell verblüht. Von den vielen Ananasgewächsen (Bromelien) gibt es zweierlei Pflanzenteile zu trocknen: Blatt und Blüte. Abgeblühte alte Pflanzen wirft man nicht weg, sondern legt die gesamte Pflanze, ohne die Kindel, die der Vermehrung dienen, aus.

Die Schönmalve bringt mit ihren kleinen mennigroten Blüten einen hübschen Farbton ein, es gibt aber auch gelbe und orangefarbene Sorten. Die großblütigere Verwandte, der Hibiskus, eignet sich nicht so gut als Konservierungsmaterial, denn seine Blüten sind beinahe zu groß und die weichen Blütenblätter wirken etwas flatterig, sind wenig kompakt und leicht zerbrechlich. Das kleine Blütchen der Schönmalve dagegen besitzt die richtige Größe und ausreichende Festigkeit.

Unter den blühenden oder nicht blühenden Topfpflanzen, die im Laufe eines Jahres angeboten werden, sind so

Trockenblumen gibt es im Fachhandel zu kaufen. Oben links: Fruchtstände der Kugeldistel (Echinops ritro). Oben rechts: Verblühte Hortensien-Rispe (Hydrangea paniculata). Mitte links: Mähnengerste (Hordeum jubatum). Mitte rechts: Silberbaum (Leucadendron nervosum). Unten links: Magydaris pastinacea, ein Doldenblütler. Unten rechts: Hakea seriacea, wie der Silberbaum ein Proteengewächs.

viele, die irgendein Teil besitzen, das lohnt, konserviert zu werden. Es ist nicht möglich, alles aufzuzählen. Generell läßt sich sagen, daß sich Blätter, die lederig, zäh, wachsartig oder ähnlich fest beschaffen sind, problemlos durch einfaches Trocknen erhalten lassen. Großflächige Blätter wie solche von *Philodendron*, größeren Gummibaum-Arten, Sansevierien, um nur ein paar Beispiele zu nennen, bekommen durch den Schrumpfungsvorgang oft eine bewegte Oberfläche, dadurch können sie sich stark verändern und nehmen bisweilen ein skurriles Aussehen an. Kleinere Blätter bleiben flacher, doch auch sie rollen eventuell leicht ein, so daß sie eine gewisse räumliche Struktur erhalten. Ferner gibt es Grünpflanzen, die allein ihrer Blattzeichnung und -farben wegen kultiviert werden. Diese Blätter sind mitunter wenig stabil und verlieren beim Trocknen nicht nur ihre Form, sondern auch viel von Farbe und Zeichnung. Derartige Blätter werden besser gepreßt, manches kann in Silica-Gel gelegt werden, obwohl flächige Materialien für dieses Verfahren recht empfindlich sind (siehe Seite 63).

Ebenso wie mit den Blättern verhält es sich mit den Blüten von Topfpflanzen. Einige aus dem großen Sortiment lassen sich erfolgreich konservieren. Einer groß gewordenen Pflanze tut es nicht weh, wenn man ihr zwei, drei Blüten abnimmt. Einer stattlichen *Stephanotis* oder Gardenie schadet es nicht, wenn einige ihrer wachsartigen Blüten entfernt werden. Gelegentlich erhält sich sogar etwas von dem durchdringend feinen Duft. Bei einer kleinen Pflanze mit wenig Blüten wird sicher niemand ans »Ernten« denken.

Importblumen und Exoten

Unsere Blumengeschäfte importieren in großer Menge und enormer Vielfalt Blumen aus aller Welt. Das Importaufkommen steigt besonders im Winterhalbjahr, wenn in Australien, Südamerika und Afrika die Pflanzen blühen. Bekanntestes Beispiel für importierte Trockenblumen sind wohl Proteen (*Protea*-Arten). In den Blumen-Exportländern werden nicht allein die dort heimischen Blumen kultiviert, sondern mehr und mehr auch bei uns gewöhnlich in Gewächshäusern gezogene Schnittblumen wie Nelken und Chrysanthemen. Diese sind nicht gemeint, wenn wir von »Exoten« sprechen.

Schon vor der Jahrhundertwende, als noch Pflanzen-Forschungsreisende ihre Sammelleidenschaft pflegten und Expeditionen ausgerüstet wurden, immer neue Pflanzen zu entdecken, hatten viele berühmt gewordene Gärtnereien oder botanische und Herrschaftsgärten manche Exemplare von oft wunderlichen Pflanzengestalten als Besonderheiten und Raritäten gezogen und gepflegt. Aber erst 20 Jahre nach dem Zweiten Weltkrieg tauchten die ersten exotischen Trockenblumen bei uns auf.

Bei dem getrockneten Material kann es sich um die unterschiedlichsten

Getrocknete Teile exotischer Pflanzen fügen sich zu einem nicht ganz alltäglichen Werkstück zusammen.

Pflanzenteile handeln: Blüte, Blatt, Knospe, Frucht, Sproß, Stiel- und Stengelabschnitt oder Rinde und Wurzelteil. Ebenso stark streut die Herkunft: die Pflanzen kommen aus Australien, den Tropen der Alten und Neuen Welt, aus Südafrika, Indien oder aus dem Mittelmeerraum. Offensichtlich sind diese getrockneten Pflanzen ohne weitere Behandlung haltbar. Aufgrund ihres holzigen Charakters und wegen ihrer stabilen Beschaffenheit bleiben sie über eine lange Zeit, sogar über Jahre hinaus, unvergänglich. Zu Beginn jeder neuen Saison, das heißt vorwiegend im Herbst, standen und stehen immer wieder neue Gattungen und Arten zur Verfügung. Exotische Trockenblumen seien hier nur am Rande erwähnt, denn wir wollen uns in erster Linie mit Pflanzen befassen, die man selbst verarbeitet. Im übrigen eignet sich ein kleines Ergänzungssortiment dieser Exoten ideal zum Kombinieren mit allerlei selbst konserviertem Material.

Die importierten Blumen und Laubzweige, die in die Geschäfte gelangen, haben einen großen Vorzug. Die allermeisten sind von Natur aus sehr robust und unempfindlich, das gilt auch für solche Exoten, die in den Gewächshäusern unserer Breitengrade angebaut werden. Durch ihre feste, wenn nicht gar harte Substanz lassen sie insgesamt auf ein ausgezeichnetes Konservierungsergebnis hoffen.

Die Saison der Exoten beginnt mit den ersten Importen im Frühherbst. Zu dieser Zeit geben sich die letzten Freilandblumen mit Pflanzen aus dem Gewächshaus und Importblumen, den ersten *Protea*-Blüten, ein Stelldichein. Die Proteen fallen ins Auge mit ihren ausgeprägten Formen und den zarten bis kräftigen Farben. Ohne besondere Behandlung kann man sie konservieren; man trocknet sie stehend oder hängend. Es ist meistens nicht einmal notwendig, sie an einen bestimmten Platz zum Trocknen zu bringen. Die Blüten trocknen ganz allein, im Gesteck oder in der Vase stehend.

Die *Protea*-Arten kommen von Natur aus nur in Südafrika mit etwa 80 Arten vor. Nur wenige Arten gelangen in den Handel, vor allem diejenigen, welche als gute Schnittblumen-Lieferanten angebaut werden. Trocknen lassen sich alle Arten gleich gut, und es gilt dasselbe wie für viele andere Pflanzen; wünscht man sich besonders schön erhaltene Exemplare, muß sich das Ausgangsmaterial, die frische

Protea-Blüten trocknen ganz von alleine ein und bewahren Form und Farbe meist recht gut.

Blume, in einem bestmöglichen Zustand befinden.

Gleichzeitig mit den *Protea*-Arten gibt es Zweige vom Silberbaum *(Leucadendron)*. Wie der Name sagt, sind seine Blättchen silbrig überhaucht oder behaart. Er gehört zur gleichen Pflanzenfamilie wie die Proteen. Die Blüten sind unscheinbarer als die der *Protea*. Der Silberbaum wird in der Floristik entweder als Schnittgrün oder als fruchtender Zweig verwendet. Das Konservieren geschieht wie bei den *Protea*-Arten.

Frische Importe, die weder lange gelegen noch im Wasser gestanden haben, lassen auch eine Glyzerin-Behandlung zu. Ebenfalls zu der Familie der Proteaceen zählen die ausschließlich in Australien heimischen Banksien. Die Blütenstände dieser prächtigen Sträucher und Bäume sind unter Umständen ziemlich groß, zylinderförmig und von rötlicher, gelblicher und grünlicher Farbe. Sie werden ebenso behandelt wie Proteen. Das Glyzerin-Verfahren bringt nicht viel, da die kräftigen Blumen eher eintrocknen, als daß das Glyzerin aufgenommen wird. Außerdem würden sie dabei ihre sehr attraktive Farbe verlieren, zudem ist ihre Substanz in getrocknetem Zustand sehr gut haltbar, sprich nahezu unverwüstlich.

Ferner gibt es um die Herbst- und Winterzeit verschiedene Arten von Schönfaden *(Callistemon)*, Myrtenheide *(Melaleuca)*, Eisenmaßbaum *(Metrosideros)*, *Dryandra* und *Hakea*, einmal als Schnittblumen, dann wieder als Laubzweige. Eher in Richtung auf das Frühjahr zu kann man manche der genannten Ziersträucher als Topfpflanzen kaufen. Sind die Zweige noch ziemlich frisch, kann man sie in Glyzerin stellen, ansonsten wird nur getrocknet. Wurden die Zweige zu lange bzw. im Kühlraum gelagert, oder dauerte der Transport zu lange, fällt das Laub eher ab, als daß es ansehnlich eintrocknet. Das gleiche gilt für die verschiedenen Eukalyptus-Arten. Frisch getrocknet bleiben die Blätter gut haften und sind in der Lage, Glyzerin aufzunehmen. Man kann sie auch auslegen zum Trocknen oder Pressen.

Aus Australien kommen öfters Importe schön farbiger oder weißfilziger Blütenstände verschiedener Pflanzenarten, die sich sehr gut trocknen lassen. Hier ist es vor allem wichtig, rasch vorzugehen, sonst fallen die meist kleineren Einzelblütchen ab. Hierzu zählen besonders die *Verticordia*-Arten, *Tryptomene*, *Beaufortia* und andere. Diese Blumen gibt es bereits trocken zu kaufen. Da sie gleich im Ursprungsland getrocknet wurden, weisen sie eine gute Qualität auf.

Farbenprächtige Importblumen des Winterhalbjahres sind Känguruhpfoten *(Anigozanthos*-Arten) mit Blüten in Grün-Schwarz, Rot und Gelb, die weinrot blühende *Alpinia* und die leuchtendrote *Nicolaia*, die beide zur Ingwerfamilie zählen. Diese und die beliebten Heliconien verlieren zwar ihre Farben beim Trockenwerden; die bizarren Formen erhalten sich jedoch sehr gut und auf Dauer. Alle genannten Pflanzen trocknen ohne weiteres Zutun langsam ein. Damit sie später in trockenem Zustand eine aufrechte Haltung einnehmen, empfiehlt es sich, sie – zumindest gegen Ende des Vorgangs – noch eine Weile kopfüber aufzuhängen.

Vermehrt zum Winterausgang tauchen die sehr attraktiven Strelitzien auf, die Blüten sind einfach zu trocknen, genauso wie die dazugehörigen Blätter. Man trocknet sie stehend, hängend oder ausgelegt.

Zu den Importpflanzen zählt ebenfalls verschiedenerlei Schnittgrün, das noch teils aus Übersee zu uns kommt, teils schon in Spezialgärtnereien hierzulande angebaut wird. Die Blätter eignen sich gut zum Pressen, frisches Material wird mit Glyzerin behandelt. Schnittgrün wird von verschiedenen Arten der buntlaubigen *Maranta* geschnitten, außerdem von *Calathea*, *Croton* und vielen Farnen, alles eignet sich zum Pressen. Für eine Glyzerin-Behandlung braucht man eher härtere Blätter, wie sie zum Beispiel *Aspidistra*, Aralien, *Galax, Ficus, Philodendron, Oreopanax* und andere liefern.

Möglichkeiten und Methoden

Grundsätzliches zum Konservieren

Es muß einem klar sein, daß alle Methoden des Konservierens nur einen Bruchteil dessen bewahren, was eine Blüte, ein Blatt, eine Pflanze in naturfrischem Zustand darstellen. Die besondere Ausstrahlung, das Schimmern und Leuchten der Oberflächen ist in trockenem Zustand dahin. Ebenso stellt die erhaltene Form nur noch in etwa das dar, was es einmal war. Gleichwohl ist es erstaunlich, mit welch geringen Mitteln reizvolle Ergebnisse zustande kommen, die auf eine andere Art als das Lebende, für einen Moment Schöne, zu wirken vermögen. Zudem bedeutet es ja auch ein besonderes Vergnügen, sich mit den Ergebnissen von Probieren und Experimentieren selbst überraschen zu lassen. Vor allem kann man die nach den unterschiedlichsten Methoden konservierten Blumen und Pflanzenteile ideal miteinander kombinieren (siehe Seite 97).

Deshalb wären unsere Möglichkeiten stark eingeschränkt, würden wir nur nach einer einzigen Vorgehensweise präparieren. Natürlich gibt es Pflanzen, die sich am besten durch eine einzige Methode erhalten lassen; bei einem Großteil dagegen führen unterschiedliche Wege zum Ziel. Wenn wir mehrere Verfahren nebeneinander bei einer gleichen Pflanzenart anwenden, erreichen wir reizvolle Resultate, die vor allem dann zur Geltung kommen, wenn die Blumen sich zusammen mit einem Gebinde nachher ein Stelldichein geben.

Die Wahl der Trocknungsmethode

Bevor man sich für eine bestimmte Konservierungsmethode entscheidet, sollte man sich überlegen, ob mit dem getrockneten Teil aus handwerklicher und gestalterischer Sicht etwas anzufangen ist. Das ist nämlich auch der Grund dafür, daß zum Beispiel die klassische Methode des Pflanzenerhaltens, das für die Herbaristik selbstverständliche Pressen, keine besonders wichtige Bedeutung hat. Es dürfte das erste *wissenschaftliche* Verfahren gewesen sein, das gezielt eingesetzt wurde, um Pflanzen haltbar zu machen. (Erste Herbarien entstanden zu Beginn des 16. Jahrhunderts.) Das damalige Verfahren ist heute noch ohne wesentliche Abwandlungen gültig. Der Umstand jedoch, daß einfach getrocknete Pflanzenteile lange bis sehr lange Zeit (alte Herbarien existieren noch in gutem Zustand) halten, kann uns für andere Trocknungsverfahren sehr gelegen kommen, auch wenn es darum geht, einen dreidimensionalen Werkstoff zu erhalten. Dann müssen wir halt andere Methoden als das Pressen anwenden. Neben diesem klassischen Vorgehen sind es – wie wir sehen werden – allerlei Hilfs- und auch Hausmittelchen, durch die versucht wird, optimale Ergebnisse zu erzielen.

Eine Naßkonservierung scheidet für unsere Zwecke aus, da die Pflanzen ja als Werkstoff benutzt werden sollen. Und dazu eignen sich eben keine, wenn auch sehr schön in Konservierungsflüssigkeit fixierte Objekte, die allenfalls in Schaugläsern präsentiert werden. Das

gleiche gilt für das Eingießen in Kunstharze als Dauereinschluß. Dafür werden in unterschiedliche Gießformen flüssiger Kunststoff und Härter eingefüllt, die Blüten werden darin eingelegt und mit der Flüssigkeit bedeckt. Eingeschlossene Blumen mögen gute Anschauungsmaterialien geben oder Briefbeschwerer, sie eignen sich aber naturgemäß nicht mehr zum Anfertigen floristisch-handwerklicher Arbeiten.
Die Technik des Vakuum-Trocknens sei ebenfalls ausgeschlossen. Bei diesem Verfahren wird das Ausgangsmaterial tiefgefroren, im Hochvakuum wird Wasser entzogen (sublimiert). Dieser Vorgang ist nur mit einer teueren technischen Apparatur (Exsikator) möglich und für den Privatgebrauch viel zu aufwendig.
So bleiben folgende Vorgänge und Verfahrensweisen übrig, um selbst Werkstoffe zu präparieren: das einfache Trocknen ohne Hilfsmittel, das Trocknen und anderweitige Erhalten mit Hilfe bzw. durch verschiedene Hilfsmittel.

Was beim Trocknen in der Pflanzenzelle passiert

Die lebende Pflanzenzelle erhält ihre Festigkeit durch den Druck der mit Wasser prall gefüllten Vakuole. Der Zellinhalt wird so an die Zellwände gepreßt, und die nicht mehr verformbaren Zellwände der ausgereiften Zelle sorgen für Stabilität. Durch die hohe Konzentration von Zuckern, Salzen und anderen wasserlöslichen Stoffen in der Zellösung entsteht ein hoher osmotischer Druck. Dieses Prinzip beruht darauf, daß stets Wasser in Richtung zur höheren Konzentration fließt. Auf diese Weise funktioniert der komplette Stofftransport in der Zelle und dadurch behalten die pflanzlichen Gewebe ihre Form. Beim Konservieren in Waschpulver oder Borax entsteht ein osmotisches Gefälle in anderer Richtung: die hochkonzentrierte Substanz außerhalb des Pflanzengewebes zieht Wasser an sich, den Zellen wird Wasser entzogen. Ähnlich arbeitet Silica-Gel. Diese Substanz ist in hohem Maße in der Lage, Wasser aufzunehmen. Da ihre Bindekräfte für Wasser stärker sind als die osmotische Kraft der Zellösung, trocknen die Pflanzen aus. Dies erklärt, warum diese Hilfsmittel den Trocknungsprozeß im Vergleich zum einfachen Trocknen durch Auslegen, Aufhängen oder Einstellen beschleunigen.

Im Gegensatz dazu aber beruht die Wirkungsweise von Glyzerin darauf, daß das Wasser im Zellsaft langsam durch die Glyzerin-Lösung ersetzt wird. Verdunstet Wasser aus dem Pflanzengewebe, wird die Glyzerin-Lösung nachgesaugt. Da Glyzerin viel langsamer verdunstet als Wasser, behalten die so konservierten Pflanzenteile über lange Zeit ihre Form.

Alle Verfahren sind darauf ausgerichtet, möglichst rasch den Trocknungsprozeß voranzutreiben. (Wachs und Glyzerin machen hier eine Ausnahme.) Die Pflanzenzelle fällt bei Wasserverlust zusammen, das heißt die Zellwände werden schlaff und nachgiebig, nach und nach verformt sich dann die Gestalt. Hält der Wasserverlust länger an, so dörrt die Pflanze regelrecht aus. Weist die Pflanze von vornherein einen weichen Aufbau auf, fehlen demnach festigende Zelleinlagerungen, so ist die Formveränderung während des Trocknungsprozesses, besonders wenn er noch langsam fortschreitet, oft zu stark, was sich negativ auf das Ergebnis auswirkt. Um dieser Veränderung der Gestalt und dem Volumenverlust entgegenzuwirken, muß rasch getrocknet werden. Zusätzliche Wärme und Luftzirkulation tragen dazu bei.

Die verschiedenen pulvrigen Substanzen verhindern das Zusammenfallen der Blumenform und entziehen, je nach Reaktion des Mittels, den Pflanzenteilen mehr oder weniger kräftig die Feuchtigkeit.

Die **Pflanzenfarben** sind zum Teil in wasserlöslicher Form im Zellsaft der Protoplasma-Hohlräume enthalten. Der Pflanzenfarbstoff Anthocyan bewirkt eine rote bis schwarzviolette Färbung, Anthoxanthine ergeben ein helles Gelb. Eine andere Farbgruppe hingegen ist an winzig kleine Körper in der Zelle gebunden, an die Plastiden. Diese Plastidenfarbstoffe sind nicht so sehr empfindlich wie in Zellsaft gelöste Farbstoffe. Vor allem das Blattgrün (Chlorophyll) ist ein solcher Plastidenfarbstoff, aber auch die Karotinoide, die zuständig sind für eine starke Gelb- und Orangefärbung. Plastidenfarbstoffe treten zum Beispiel bei der Herbstfärbung von Blättern in Erscheinung. Für die Saftfarbstoffe ist es wichtig, ganz besonders schnell zu trocknen. So erklärt es sich, daß in der Regel ein Trocknen im Backofen gute Ergebnisse bei rötlichen und bläulichen Tönen bringt. Gelb und Orange lassen sich als die etwas unempfindlicheren Farbstoffe im allgemeinen gut konservieren.

Die Farbstoffwirkung wird noch von einem anderen Umstand bestimmt, nämlich der Oberflächenbeschaffenheit der Blüte bzw. des Blattes. Diese Oberfläche mit der Grenzschicht (Epidermis) und den unterschiedlich gebauten Zellen läßt Blüten samtartig, seidig oder metallisch erscheinen, selbst wenn sie den gleichen Farbton aufweisen. Wenn wir eine weiße Gloxinienblüte neben eine weiße Wicke und eine weiße Anthurie halten, sind doch Unterschiede in der Farbwirkung zu sehen. Das Weiß reflektiert beinahe alle Lichtstrahlen. Durch ein unterschiedlich ausgeprägtes Hohlraumsystem der Zellen (mit Lufteinschlüssen) und verschiedenartige Ausbildung der Epidermis kommen neben der einheitlichen Farbe trotzdem sehr variable Texturen zustande. Viele dieser Texturen werden leider beim Konservierungsprozeß zerstört. Nicht zerstört wird die Wirkung, wenn Farbstoffe an die Zellhaut gebunden sind, allerdings kommt dies nicht häufig vor. Ein Beispiel dafür geben Sonnenflügel und Strohblumen-Arten. Deshalb verfärben sich diese Blumen auch nicht während des Welkens und Trocknens.

Die Aufbewahrung

Getrocknete Pflanzen sollen grundsätzlich an einem dunklen, trockenen und luftigen Ort lagern. Gebündelt aufgehängte oder ausgelegte Pflanzenteile

Getrocknete Pflanzen lagert man am besten locker und schichtweise zwischen Papier in Kartons eingepackt an einem dunklen, trockenen Ort.

können auch gut am Trocknungsort verbleiben, sofern der Platz ausreicht. Wer getrocknetes Material verstauen muß, verwendet am besten Kartons und legt Seidenpapier locker zwischen verschiedene Lagen Trocknungsgut ein. Nähere Angaben finden sich bei der Beschreibung der Konservierungsmethoden.

Manchmal fallen Schädlinge über die getrockneten Pflanzenteile her. Für botanische Sammlungen gibt es Methoden der Schädlingsbekämpfung wie eine öfters zu wiederholende Wärmebehandlung, Begasung, Einpinselung von Fraßgift-Lösungen. Für den handwerklichen Umgang mit Trockenblumen wären diese Verfahren sicher übertrieben. Es ist besser, gründlich zu überlegen, wo man alles aufbewahren will, und ab und zu eine Kontrolle durchzuführen. Entdeckt man dann wirklich etwas, das zerfressen und zerbröselt ist, sortiert man es einfach aus.

Ohne Hilfsmittel trocknen

Bevor geschnitten, geerntet, gesammelt oder getrocknet wird, ist es sinnvoll, sich darüber klar zu werden, wozu der Werkstoff verwendet werden soll. Diese Überlegung entscheidet – wie die Beschaffenheit der Pflanze (siehe Seite 93) – über das weitere Vorgehen.

Wenn wir Pflanzenteile ganz ohne Hilfsmittel einfach trocknen, läßt sich bei Blättern, Blüten und Blütenständen etwas von der räumlichen Wirkung der ehemals lebenden Gestalt erhalten. Inwieweit die Farbe bleibt, hängt von der spezifischen Blüteneigenart, dem Entwicklungsstadium, dem Erntezeitpunkt und dem Trocknungsvorgang ab. Die beste und ergiebigste Jahreszeit für einfaches Trocknen liegt in den Sommer- und Spätsommermonaten und dauert bis in den Herbst hinein. Die Pflanzen sollten demnach voll ausgebildet sein. Andererseits können wir auch noch nach Ablauf des Vegetationsprozesses erfolgreich sammeln und auf das sonst notwendige Trocknen verzichten, denn die Natur hat schon alles für uns erledigt, wir brauchen nur ein bißchen nachzutrocknen.

Um ohne Hilfsmittel zu konservieren, ist ein trockener Platz nötig. Er soll nicht zu hell sein und auf keinen Fall neben einem großen Fenster liegen, wo möglicherweise noch direkte Sonneneinstrahlung einwirkt, denn an einem solchen Ort bleicht das Trocknungsgut

Trocknen durch Aufstellen. Geeignete Stiele werden locker in ein Gefäß eingestellt.

rasch aus. Je wärmer der Platz, desto besser für das Ergebnis. Eine Faustregel lautet: Je schneller, desto besser. Wenn wir abseits von direkter Sonneneinstrahlung, aber sehr hell trocknen, bleichen die Farben zwar nicht kräftig aus, doch werden sie sehr blaß und fade. Zieht sich der Vorgang zu lange hin, werden einzelne Teile in ihrer Substanz sehr strapaziert. Sie verformen sich, die Farben verschwimmen undeutlich ins Braune oder Schwärzliche hin. Je empfindlicher die Pflanzen sind, desto wärmer sollte man die Umgebung gestalten und desto schneller sollte man folglich vorgehen.

Sehr schädlich wirkt sich Feuchtigkeit in einem obendrein ungeheizten Raum aus. Zudem läßt sich bei hoher relativer Luftfeuchtigkeit nichts Rechtes erreichen. Geeignete Plätze fürs Trocknen sind beispielsweise Heizungsräume, Dachböden, Abstellkammern, Ecken unter einer Treppe. Trocknen kann man auch im Freien, ja sogar auf dem Balkon, wenn der Platz schattig und vor Regen geschützt liegt. Die bei Regenwetter hohe relative Luftfeuchtigkeit verhindert ein optimales Ergebnis, man müßte das Trocknungsgut dann zeitweilig in einem Raum unterbringen und auf einfache Holzgestelle oder Wäscheständer auslegen. Wer einen Dachboden oder einen ähnlichen Platz besitzt, an dem die getrockneten Bunde nicht stören, kann das Pflanzenmaterial bis zur Verwendung dort aufbewahren. Voraussetzung ist allerdings, daß eine gewisse Dunkelheit herrscht und keine Feuchtigkeit zudringt. Für alle Trocknungsvorgänge ist ein luftiger Raum wichtig. Geöffnete Fenster und Türen dürfen einen stetigen leichten Zug verursachen, die Pflanzen sollen »luftumspült« sein.

Je nach Pflanzenart, -eigenschaft und gewünschtem Ergebnis unterscheiden wir beim einfachen Trocknen folgende Verfahren: stehend eintrocknen, auslegen und aufhängen.

Aufrechtstehend trocknen

Ausschwingende, nicht zu weiche Stiele behalten ihren Schwung, ihre Wuchsform, wenn sie aufrechtstehend getrocknet werden. So erhält sich die Linienführung, die grazile Form und der ursprüngliche Pflanzenausdruck.

Das Verfahren

Die betreffenden Stiele werden locker in einen Behälter (Vase, Kanne, feste und stabile Gefäße) eingestellt. Der Platz sei warm, luftig, nicht zu hell oder gar sonnig. Man wird, bis man einige Erfahrung hat, immer erst ausprobieren müssen, was wann getrocknet werden soll (siehe Seite 13). Den besten Erfolg erzielen wir ganz allgemein mit straffen und harten Stengeln.

Pflanzen mit festen Stielen trocknen in einem Gefäß mit etwas Wasser stehend ein, ohne daß die Blütenstände abknicken.

Das Pflanzenmaterial

Auf dieselbe Weise lassen sich mühelos fruchtende Gehölzzweige erhalten. Dazu entfernen wir deren Blätter, denn die grünen, nicht ausgereiften Früchte sollen alleine wirken. Durch die holzige Beschaffenheit verändert sich die Haltung der Zweige während des Trocknens nicht. Damit die Früchte, um die es schließlich geht, auch am Zweig haften bleiben, sollen sie fertig ausgebildet, aber noch nicht bereit zum Aus- und Abfallen sein. Der beste Erntezeitpunkt dafür liegt in der Regel im Juli und August, abhängig vom Witterungsverlauf. Schön sind fruchtende Zweige der Linde (*Tilia cordata* und *T. platyphyllos*) und vom Ahorn (besonders Berg- und Spitzahorn, *Acer platanoides* und *A. pseudoplatanus*). Beide sind heimische und oft angepflanzte Bäume. Kleinere Früchte hat der Feldahorn *(Acer campestre)*, und die zu kleinen Trauben vereinten Früchte des Eschenahorns *(Acer negundo)* bleiben sehr lange am Baum haften. Der Eschenahorn wird häufig als Parkbaum und in Gärten gepflanzt. Robinien, oft »Akazien« genannt *(Robinia pseudoacacia)*, bilden umfangreiche Büschel von 5 bis 10 cm langen Hülsen aus, die im hellbraunen bis braunroten Zustand geerntet werden. Zur gleichen Pflanzenfamilie wie die Robinie, den Schmetterlingsblütlern, gehört der Goldregen, ein Ziergehölz, das bis zu 30 cm lange Fruchttrauben bildet. Da seine Früchte mit zu den giftigsten der bekannten Ziergehölze zählen, ist es – vor allem wenn Kinder in der Nähe sind – besser, er bleibt aus dem Spiel. Der Blasenstrauch *(Colutea*

Ein idealer Werkstoff sind Gräser, und das aufrechte Trocknen ist für sie eine gute Konservierungsmethode. Genügend hart im Stiel, elastisch und biegsam zugleich, halten die sehr dünnen Stengel aufgrund der speziellen Anordnung ihres Festigungsgewebes beachtliche Längen aufrecht. In der Natur trotzen sie so Wind und stürmischem Wetter.

Ähnliches gilt für die Blätter der Gräser. Sie sind manchmal kurz, oft aber lang, dünn und bilden, elegant ausschwingend, ein Wunder an Elastizität, verursacht durch eine raffinierte wabenförmige Konstruktion im Innern der Stiele, die enorme Stabilität bei großer Leichtigkeit bringt.

Sollen die Grashalme im getrockneten Zustand etwas weniger ausschwingen, so hängt man sie die erste Zeit kopfüber auf. Nicht so lange, bis alles getrocknet ist, sondern nur kurz, um dann in aufrechter Stellung zu Ende zu trocknen.

Fruchttragende Zweige des Ahorn können aufrecht stehend trocknen.

arborescens) trägt ab Sommer dicke aufgeblasene, längliche Früchte, die sehr gut am Strauch haften bleiben und, ihre Form wahrend, in hellem Braunton eintrocknen.

Nicht nur mit Frucht-, sondern auch mit Laubzweigen, können wir so verfahren. Der richtige Zeitpunkt dafür ist der Spätsommer bis Herbst. Wer Lust hat, ein bißchen zu experimentieren, wird verschiedenen Entwicklungsstadien reizvolle Ergebnisse abgewinnen, zum Beispiel dem Zeitpunkt, zu dem das Laub schon ein wenig Farbe hat, jedoch noch nicht abfällt. Gut geht das mit kleinlaubigen Bäumen und Sträuchern, etwa mit Birkenzweigen. Die Blättchen schrumpfen kaum, und der weiche, leicht hängende Charakter der Birke zeigt eine lockere Eleganz. Ebenfalls schön, wenn auch von gänzlich anderem, viel herberem Ausdruck, wirken getrocknete Zweige von Eiche und Hainbuche.

Neben vielen Gräsern oder Zweigen von Bäumen und Sträuchern lassen sich noch weitere Pflanzen auf diese Art und Weise trocknen. Das duftige, einfache »unveredelte« Schleierkraut der Sommerblumen-Rabatten wirkt schöner als die importierten Sorten mit großen, gefüllten Blüten. Über und über besetzt mit vielen kleinen, weißen Blütchen sieht das hübsche Stengelfiligran des Schleierkrauts recht apart aus. Das robuste Schleierkraut trocknet um die Sommerzeit aufrechtstehend als schaumige Wolke ein. Ähnliches gilt für die Statizien *(Goniolimon tataricum, Limonium latifolium)* mit ihren locker verzweigten Blütenständen.

Fuchsschwänze *(Amaranthus caudatus)* mit lang herabfließenden Blütenähren trocknen aufrechtstehend ohne Probleme ein, aber vor dem Trocknen ist das Laub zu entfernen. Der botanische Name (marainein = welken) sagt schon ewas über die besondere Eigenschaft des Fuchsschwanzes aus. Dasselbe gilt für die Lampionpflanze *(Physalis alkekengi)*. Will man die verschiedenen Farbstufen des Reifeprozesses festhalten, so können manche Stiele zu Beginn, in leicht grünlichem Zustand, andere etwas später und stärker gefärbt und zuletzt die weiterentwickelten Stiele in kräftigem Orange getrocknet werden. Es bietet einen hübschen Anblick, wenn alle Schattierungen von Grün bis Orange vereint zusammenstehen. Der Geißbart *(Aruncus dioicus)* ist eine Wildstaude, die am Naturstandort geschützt, aber in jeder Staudengärtnerei erhältlich ist. Die weiblichen Fruchtstände werden vollausgebildet im grünen Zustand bis zur Reife (braun) geerntet. Der ausschwingende Charakter der großen Rispen bleibt beim aufrechten Trocknen erhalten. Die sehr stabilen Goldruten und Herbstastern können wir besonders zum Saisonende genauso behandeln. Ihre Form bleibt dabei lockerer, als wenn wir sie gebündelt kopfüber aufhängen würden.

Ganz generell muß eine gewisse Sprödigkeit des Stengelabschnitts zur Blüte (Frucht) hin gegeben sein, damit die Stiele den Übergang von Frisch zu Trocken einigermaßen formhaltend überstehen. Es kann aber vorkommen, daß sich im Verlauf des Trocknungsprozesses dieser empfindlichste Stengelteil umbiegt. Der kurze Abschnitt, unmittelbar unterhalb Blüte, Knospe oder Frucht besitzt am wenigsten Festigungsgewebe und reagiert sofort auf Wasserverlust, genauso die äußersten Spitzen von zusammengesetzten Blütenständen wie Dolden, Ähren und Rispen. Um das zu vermeiden, wird eine geringfügige Menge Wasser in das Gefäß gegeben, in das man die angeschnittenen Stiele stellt. Das Gefäß wird an einen schattigen, warmen Platz gebracht. Weiche Pflanzenstiele geben grundsätzlich keine optimalen Ergebnisse bei dieser Trocknungsmethode, aber gut bleiben erhalten: Schafgarben, die Salbei-Arten des Hochsommers, Malven, Hortensien, vor allem die Sorten von *Hydrangea arborescens* und *H. paniculata*, blühender Mais, Artischocken, Disteln wie Gold-, Silber-, Alpendistel. Man kann die »Wasser-Trocknungs-Methode« mit vielen Pflanzen versuchen (auch mit den bereits zuvor genannten), wichtig ist aber der erwähnte warme Platz.

Wir können auf diese Weise sogar komplette Sträuße präparieren. Soll der Blumenstrauß möglichst lange frisch bleiben, geben wir in die Vase natürlich ausreichend Wasser und verzichten auf einen extra warmen Platz, das Ergebnis wird dann nach dem Trocknen nicht so gut ausfallen. Aber vielleicht können wir dies mit der Blumenauswahl ausgleichen, wenn wir möglichst robustes Material wählen, durchsetzt von reifenden Fruchtständen und harten Blättern. Steht der Strauß an einem für ihn günstigen Platz, verwandelt er sich dennoch zu einem Trockenstrauß, wenn das Wasser dann, wenn die ersten Blumen ihre Köpfe neigen, ausgegossen wird.

Die aus Südafrika und Australien importierten Blumen des Winterhalbjahres kommen dieser Prozedur sehr entgegen. Als Einzelblüten in diversen Zusammenstellungen trocknen diese Pflanzen im Verlauf von zwei bis drei Wochen ein. Bei geschickter Auswahl der Bestandteile kann das Gebinde danach sogar in der ursprünglichen Form erhalten bleiben. Ist ein Gutteil unansehnlich geworden, nehmen wir das Gebinde auseinander und ordnen die verbliebenen Stiele neu, indem wir andere Trockenblumen hinzufügen.

Aufbewahrung
Siehe Seite 49, 50 und 58, 61

Blätter, Blüten, Früchte, alles was im Laufe eines Jahres anfällt, wird zum Trocknen ausgelegt.

Unten: Trocknen durch Auslegen. Pflanzenteile wie Blüten oder Blätter legt man auf Zeitungspapier aus.

Auslegen

Ebenso einfach wie das Trocknen in aufrechter Stellung, ist es, Pflanzenteile auszulegen. Wir brauchen nur einen geeigneten Platz, an dem dies geschehen kann: warm, trocken und etwas dunkel sollten die Pflanzen liegen, also nicht am Fenster und am Licht. Es geschieht sonst leicht, daß die Teile strohig ausbleichen. Warm darf der Platz sein, denn je rascher die Teile eintrocknen, desto besser erhält sich ihre Form und Farbe. Neben der Wärme ist eine trockene Luft wichtig. Warme, aber feuchte Plätze sind ungeeignet: in feuchter Umgebung, egal ob kalt oder warm, schimmeln und faulen die Pflanzen eher, als daß sie eintrocknen. Ein idealer Ort wäre ein Heizraum. Es genügt aber auch ein Dachboden, ein Abstellraum und anderes.

Das Verfahren

Ist wenig Platz vorhanden und will man öfters auf diese Art und Weise trocknen, lohnt es sich, leichte dünne Holzrahmen zu basteln und sie mit Fliegendraht (es gibt auch Fliegendraht aus Kunststoff) oder Gaze zu bespannen. Das Format richtet sich nach den räumlichen Gegebenheiten. So läßt sich das Trocknungsgut, luftig ausgelegt, stapeln. Für Blüten, Blätter und Früchte ist es dabei natürlich von Vorteil, daß an ihrer Unterseite ebenfalls Luft vorbeistreichen kann. Besteht das Fliegengitter aus Metall, kann man es mit Zeitungspapier abdecken, bevor die Pflanzen ausgelegt werden. Wo ausreichend Platz vorhanden ist, sind solche Rahmen nicht unbedingt nötig. Es reicht Zeitungspapier als Unterlage für das Auslegen auf dem Boden, oder man spannt ein leichtes Tuch aus und legt die Pflanzenteile darauf: wie in einer Hängematte sind sie dann von allen Seiten der Luft ausgesetzt.

Das Trocknungsgut soll locker ausgebreitet werden, empfindliche Teile dürfen sich nicht berühren. Blätter, Blüten und Früchte dürfen nicht naß sein.

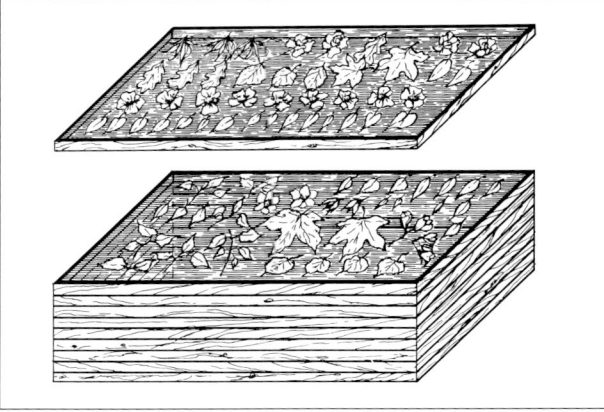

Auf Holzrähmchen, mit Fliegennetz oder Gaze bespannt, kann man allerlei Pflanzenmaterial zum Trocknen auslegen. Die Rahmen sind leicht selbst herzustellen, und sie lassen sich gut stapeln.

Das Pflanzenmaterial

Auslegen kann man beinahe alles: einzelne Blüten, Blütenteile, Blätter verschiedenster Art, Früchte, Fruchtstände, Stengelabschnitte, Wurzeln. Anders als etwa beim Pressen trocknen die Teile in ihrer dreidimensionalen Gestalt ein, behalten also einen Großteil ihrer ursprünglichen Form. Das ist vor allem bei den Blütengestalten sehr reizvoll, die durch ihre Kompaktheit und Rundung wirken, wie Rosen, Ranunkeln, Pfingstrosen oder auch bei Früchten. Bei anderen Pflanzen verändert und beeinflußt der Trocknungsprozeß selbst die Form, wie es sich am Laub von Anthurien, Ahorn, Strelitzien und an Blüten wie *Calla* oder Anthurien zeigt.

Daneben empfiehlt sich das Trocknen durch Auslegen besonders für all die kleinen Blütchen und Blättchen, die so im Lauf des Blumensommers anfallen: abgebrochene Rosen, einzelne Blüten des Stauden-Rittersporns, allerlei Blütenstände, Abgebrochenes, Abgeknicktes, Abgepflücktes, das einfach zu hübsch oder zu schade ist, um übersehen oder weggeworfen zu werden.

Da kein Aufwand entsteht, der uns leid tun würde – wir brauchen nichts vorbereiten, müssen nicht bündeln und aufhängen – können wir einfach nur so einiges ausprobieren. Blüten und Blättchen sind schnell und problemlos ausgebreitet, und wenn nichts daraus geworden ist, bedeutet dies keinen großen Verlust. Zum Auslegen nehmen wir Pflanzenteile mit festen Formen. Aus dem Garten und aus Gewächshausanbau stehen zur Verfügung: Pompondahlien, kleine Zinnien und Tagetes, Rosen, Nelken, Stockrosen, Margeriten, Hortensienblüten, Ringelblumen, blühende und abgeblühte Sonnenblumenköpfe, Mutterkraut (*Matricaria*-Arten), Silberdisteln, Kornblumen, Kapuzinerkresse und vieles mehr. Manche Pflanzen wie Kugeldisteln trocknen ein, ohne die Ausgangsform zu verändern. Andere wie die Blätter der Kapuzinerkresse verwandeln sich stark, die seidenpapierdünnen orangefarbenen Blütchen sehen jedoch so getrocknet sehr hübsch aus.

Sogar einzelne Blüten des Topf-Alpenveilchens und der Erika lassen sich mit dieser einfachen Methode trocknen, und manches Blattwerk ergibt oft erstaunlich schöne Resultate.

Viele Pflanzen und Pflanzenteile halten die Farbe, wenn der Trocknungsvorgang rasch vonstatten geht. Buntes Herbstlaub verliert aber seine leuchtenden Farben, die dann mehr zum Bräunlichen tendieren. Anders als zum Beispiel Anthurienblätter, nämlich glatter und flächiger, trocknen Maiblumen-, *Aspidistra-* und Efeublätter ein. Laub von blattzierenden und Blütenstauden sind dankbarer Werkstoff: zum Beispiel von Bergenien, Frauenmantel (*Alchemilla*-Arten), Schirmblatt (*Rodgersia*-Arten), Storchschnabel (*Geranium*-Arten), einzelne Blätter und Triebe weißfilziger Schafgarbe (*Achillea*-Arten), Beifuß (*Artemisia*-Arten), Ziest (*Stachys*-Arten).

Die Blätter dürfen von der Substanz her nicht weich, zu wasserhaltig sein, wie etwa diejenigen von Buntnessel und Begonien. Deren Blätter trocknen zwar ein, manchmal sogar recht ansehnlich, sie erweisen sich jedoch nachher bei der Verwendung als viel zu empfindlich und brüchig. Einige blattzierende Pflanzen verlieren beim Trocknen das Laub wie *Asparagus* und andere.

Topfpflanzen bekommen ab und zu ein gelbes oder braunes Blatt, ein anderes Mal fällt ein Blatt ab, größere Exemplare verschmerzen ohnehin ein abgeschnittenes Blatt ganz gut, und manchmal muß eine Pflanze ja auch ausgeputzt, zurückgeschnitten, geteilt werden: So lohnt es sich durchaus, Blätter von Gummibaum-, *Philodendron-* und Aralien-Arten, *Fatshedera*, Farnen, Bromelien und anderen zu trocknen.

Topfpflanzen, die üblicherweise nur für eine Saison gehalten werden, steuern mit ihrem Laub zur Vielfalt bei.

Blätter und kleine Zweigchen von Alpenveilchen und Azaleen sind nur zwei Beispiele. Den Pelargonien macht es nichts aus, wenn beim Einräumen im Herbst etliche Blätter entfernt werden. Von Sukkulenten und Kakteen können einzelne fleischige Glieder oder Blätter in einem langsamen Prozeß zu interessanten Formen eintrocknen.

Von Blumen aus der Vase oder dem Garten, die den idealen Trocknungstermin schon sehr weit überschritten haben und die kurz vor oder im Abfallen begriffen sind, sammeln wir die einzelnen Blütenblätter und legen sie aus. Abgefallene Blüten nehmen wundervolle Farben und Blütenblattstrukturen an. Blütenblätter von Tulpen gehören dazu (vor allem die Sorten in gelben und rosarot-violetten Tönen), ebenso die Blüten kurzkroniger Narzissen (nicht die Osterglocken-Typen) oder Anemonen, deren leuchtende Farben zum großen Teil erhalten bleiben. Auf den Tisch oder den Gartenboden rieselnde Pfingstrosenblüten müssen ob der vergangenen Pracht nicht traurig stimmen, liegen sie erst seit kurzem, bewahren sie beim Eintrocknen genauso wie die Blütenblätter von Rosen ihre Farbe.

Abgestorbene oder noch lebende Pflanzenfundstücke, die man am Rand von Hecken auf dem Waldboden, an Kompost- und Abfallhäufen findet, breiten wir aus, auch wenn sie schon ziemlich trocken erscheinen. Dieses Ausbreiten ist sogar notwendig, wenn wir etwas aufbewahren wollen, denn leicht beginnt das Material zu schimmeln, wenn in der Substanz noch Reste von Feuchtigkeit enthalten sind. Zu

Lavendel, Margeriten, Zistrosen werden wie die klassischen Strohblumen zum Trocknen aufgehängt.

sammeln lohnen sich Moose, Flechten, Rinden, Baumschwämme, Erlen- und Buchenfrüchte, die braunen länglichen Schoten der Gleditschie *(Gleditsia triacanthos)*, Zapfen von Kiefern, Lärchen, Fichten, Platanenfrüchte (noch grün ernten, damit sie nicht auseinanderfallen).

Alle ausgelegten Pflanzen müssen wir ab und zu darauf kontrollieren, wie weit sie trocken sind. Dickere Teile sollten gelegentlich umgewendet werden.

Aufbewahrung

Ist der Trocknungsprozeß abgeschlossen, sortiert man die Trockenpflanzensammlung. Feine, zartere Blüten lagert man getrennt von größeren robusten Blumen, ebenso sortiert man Blätter und weichere oder stabilere Früchte auseinander. Am besten legt man die Materialien schichtweise in feste Kartons, jeweils mit einer Lage Papier. (Für kompakte Teile wie Rindenstücke, Früchte muß das nicht sein.) Die Kartons sollen dicht und verschließbar, der Aufbewahrungsort sollte trocken und anders als für den Trocknungsvorgang nicht zu warm sein. Bleiben die getrockneten Pflanzen länger liegen, so muß von Zeit zu Zeit nachgesehen werden, ob sich nicht Schädlinge eingefunden haben.

Aufhängen

Eine traditionelle und für vielerlei Pflanzen effektive Methode ist das Aufhängen zum Trocknen mit dem Kopf bzw. der Spitze nach unten. Alles, was sich trocken erhalten läßt, kann so gehandhabt werden, auch wenn andere Verfahren für manche Arten ein besseres Ergebnis bringen würden. Wie beim aufrechten Einstellen und beim Auslegen entstehen auch hier durch das Präparieren keine Kosten. Wenn nicht sicher ist, ob die ausgewählten Blumen gute Reaktionen zeigen, ist es günstig, dieses Verfahren erst einmal mit ein paar wenigen Exemplaren auszuprobieren.

Das Verfahren

Die gesammelten bzw. erworbenen Pflanzen werden zunächst sortiert, wobei man möglichst gleiche Arten zusammenbringt, damit sie einheitlich trocknen. Die Stiele werden von den unteren Blättern befreit und zu kleineren Bunden zusammengefügt. Sind die Blätter entfernt, beschleunigt sich der Trocknungsprozeß. Das leuchtet ein, wenn man bedenkt, wieviel wasserhaltige Zellflüssigkeit ein Pflanzenblatt enthält. Das ganze Wasser muß ja erst

Will man Pflanzen zum Trocknen aufhängen, sollten zuvor die Blätter am unteren Stengelabschnitt entfernt werden.

Unten: Zum Trocknen werden gebündelte Stiele einfach an einem Nagel aufgehängt.

entfernt man alle Blätter und kürzt die Stiele auf die Länge, die man im Endeffekt haben will. Es gibt aber auch Blütenstiele, bei denen es schade wäre, würden alle Laubblätter abgemacht, etwa bei Rosen und Pfingstrosen.

Die Stiele binden wir mit Bast, Schnur, Draht oder Gummiringen zusammen. Da beim Schrumpfungsvorgang die Stiele an Dicke verlieren, sind kleine Gummiringe, die aufgrund ihrer Elastizität dem verringerten Stielumfang nachgeben, am vorteilhaftesten. Mit Bast oder Schnur gebunden, fallen die einzelnen Stiele gern aus den Bunden. Zieht man hingegen Draht fest genug an, hinterläßt er an der Bindestelle starke Einschnürungen und Knicke. Allerdings geht das Bündeln mit Wikkeldraht bei einer größeren Menge schnell vonstatten: In einem Arbeitsgang läßt sich bündeln, und man hängt den Buschen mit dem länger gelassenen Drahtstück gleich auf.

Je nach zur Verfügung stehendem Platz werden die Bunde kopfüber auf Nägel an der Wand, auf einer Wäscheleine, einer Stange und ähnlichem aufgehängt. Am besten ist es, die Büschel frei hängen zu lassen, sonst geht es auch an einer Wand. Der Ort soll, wie bei den vorangegangenen Verfahren erläutert, nicht besonders hell, nicht feucht und nicht übermäßig kalt sein. Für optimale Ergebnisse gilt es immer möglichst schnell den Trocknungsprozeß herbeizuführen. Der richtige Zeitpunkt der Ernte ist ebenfalls ausschlaggebend (siehe Seite 13). Liegt er zu früh oder zu spät, helfen auch die anderen optimal gestalteten Voraussetzungen nicht viel.

einmal verdunsten. Und je länger der Vorgang dauert, desto länger haben Blütenköpfe und Fruchtstände Zeit, noch voll zu erblühen oder auszureifen, bevor sie trocken werden. Deshalb

Das Pflanzenmaterial
Aufgehängt werden alle klassischen Strohblumen, die bekanntesten Vertreter geben den Namen für viele andere Blütenpflanzen her, die ähnlich reagieren. Ein sehr großes Angebot kommt schon fertig getrocknet und gebündelt aus Holland, aber es macht doch Spaß, selbst etwas zu pflanzen oder frisch gekauft zu trocknen. Im Sommer sind solche Blumen sehr preisgünstig zu haben: Sonnenflügel-Arten *(Helipterum roseum, H. manglesii, H. humboldtianum, H. corymbiflorum)*, Strohblumen *(Helichrysum bracteatum)* in vielen Sorten – die niedrigen eignen sich ebenfalls sehr gut dafür, Papierknöpfchen *(Ammobium alatum)*, Sommerrittersporn *(Delphinium ajacis)*, die bunten Statizen *(Limonium sinuatum)*, Perlpfötchen *(Anaphalis margaritacea)*, Jungfer im Grünen *(Nigella damascena)*, Bertramsgarbe *(Achillea ptarmica)* und andere.

Ferner eignen sich unzählige Blumen, Blütenstände, Blätter und Fruchtstände, Stiele und Stengelchen, welche im Laufe des Sommers und des Herbstes anfallen. Steht viel Material zur Verfügung und hat man ausreichend Platz, kann ausprobiert werden, auch auf die Gefahr hin, daß das eine oder andere einmal nicht so gut ausfällt. Ist der Platz begrenzt, müssen wir eher überlegen, wofür wir ihn hergeben wollen.

Es gibt einige Pflanzenarten wie die Kugeldisteln, bei denen sorgfältig darauf zu achten ist, wann sie zum Trocknen kommen (siehe Seite 38). Rosen, Pfingstrosen und Staudenrittersporn sollen sich in einem knospigen bis leicht erblühten Zustand befinden, sonst fallen die Blütenblätter während des Trocknungsprozesses aus.

So kann beinahe für jede Pflanze ein bestimmter, optimaler Zeitpunkt festgelegt werden, an dem sie besonders schöne Konservierungsergebnisse in Aussicht stellt. Viel wichtiger aber als alle Anwendungstabellen ist das nach und nach sich einstellende Gespür für die Materie. Die Blütenbeschaffenheit, die Substanz und Struktur des Aufbaus teilen etwas über die Chancen und Möglichkeiten, die der Werkstoff bietet, mit, und wir brauchen es nur noch zu werten verstehen. Immer wieder gibt es mit Pflanzen Überraschungen, gute wie schlechte.

Neben den strohblumenartigen Pflanzen lassen sich außer den bereits genannten folgende zum Trocknen aufhängen (siehe auch Seite 38): Lavendel *(Lavandula angustifolia)*, Katzenminze *(Nepeta × faassenii)*, Akanthus *(Acanthus longifolius)*, Sonnenauge *(Heliopsis helianthoides)*, Prachtscharte *(Liatris elegans)*, Ligularie *(Ligularia*-Arten), Blutweiderich *(Lythrum salicaria)*, Indianernessel *(Monarda didyma)*, Brandkraut *(Phlomis samia)*, Fetthenne *(Sedum spectabile)*, Telekie *(Telekia speciosa)*, Wiesenraute *(Thalictrum*-Arten), Königskerze *(Verbascum bombyciferum)*, Ehrenpreis *(Veronica longifolia)*.

Wir können einen Blumenstrauß, der zwar viele verschiedene Blumen enthält, aber kein allzu großes Format hat, bis zu einer gewissen Dichte komplett, so wie er dasteht, zum Trocknen aufhängen, selbst wenn er bereits im Verblühen begriffen ist. Nachher sehen wir, was von den einzelnen Stielen oder Pflanzenteilen noch verwendbar ist. Oft genügt es, bei einem solchen »Trockenstrauß« die schlecht und unansehnlich gewordenen abgefallenen Blütenstiele zu ersetzen und damit das Gebinde wieder in Form zu bringen. Solche Sträuße sehen überraschend individuell aus und haben gar nichts mit »Einheitstrockenblumen« gemein.

Aufbewahrung
Wichtig ist, das Material wirklich zu Ende zu trocknen, besonders dann, wenn die getrockneten Bunde in Kartons verstaut werden. Ist die Möglichkeit vorhanden, das Trocknungsgut bis zum Gebrauch hängen zu lassen, so kann dies ruhig geschehen, vorausgesetzt, der Platz ist nicht zu hell.

Unter Umständen mag ein Trocknungsraum im Sommer und Herbst gut geeignet sein, im Winter dagegen ist es dort zu kalt und luftfeucht. Dann verstauen wir die Sachen natürlich besser in Kartons. Dasselbe gilt auch, wenn der Ort über die Maßen trockene Luft aufweist (Heizungsraum). Die Pflanzen werden dort krachdürr und sind bei jeder Berührung bruchempfindlich, wenn wir sie dort hängen lassen. Die fertigen Bunde legen wir lose in einen Karton, immer wechselweise Blütenneben Stielseite. Es dürfen auch mehrere Lagen aufeinander liegen, aber am besten legt man eine Papierschicht dazwischen. Alles muß luftig und niemals eng zusammengequetscht liegen. Empfindliche Bunde werden einzeln eingepackt, etwa in dünnes Seidenpapier. Die Kartons müssen trocken lagern, und wird nicht zügig nach und nach alles aufgebraucht, ist eine Kontrolle nötig, um zu sehen, ob sich kleine Tierchen eingenistet haben. Besonders aber ist auf Mäusefraß im Winter zu achten, denn Mäuse können alles kurz und klein nagen, inklusive der Verpakkung.

Hilfsmittel für das Konservieren

Durch Auslegen, Einstellen und Aufhängen haben wir schon eine große Menge verschiedenartiger Trockenpflanzen erhalten. Im Grunde ließe sich aus diesen einfachen und erfolgversprechenden Methoden und dem daraus resultierenden Werkstoff derart vielfältige und erschöpfende Verwendungsmöglichkeiten ableiten, daß nichts weiter gebraucht wird. Wer aber erst einmal angefangen hat zu versuchen, was und wie noch konserviert werden kann, in dem erwacht die Lust auf Experimente, um vielleicht das eine oder andere besonders Schöne doch zu erhalten, auch wenn es schwierig erscheint.

Durch verschiedene Hilfsmittel kann bei Blumen, Blättern, Zweigen manches erreicht werden, was beim normalen Trocknen nicht möglich ist. In erster Linie gilt dies in bezug auf Volumen, Beschaffenheit, Farbwiedergabe und teilweise auch im Hinblick auf die größere Variationsbreite bei der Verwendung.

Wie schon gesagt, geht es hier nicht um botanisch-wissenschaftliche Präparate, die die exakte Erhaltung des ehemals lebenden Zustandes erfordern würden, sondern um Blumen, Blätter und anderes, das nach dem Präparieren in floristischen Werkstücken verarbeitet wird.

Deshalb mögen von vornherein bestimmte Methoden ausscheiden, die hauptsächlich auf naturgetreues Anschauungsmaterial abzielen und für systematische Zwecke oder für botanisch-naturwissenschaftliche Sammlungen vonnöten sind.

Bei den im folgenden beschriebenen Verfahren handelt es sich teils um altbewährte Methoden, teils um neuere. Sie alle beruhen auf empirischen Erkenntnissen und Erfahrungen. Das will heißen, daß dem Ausprobieren und auch den Zufälligkeiten keine Grenzen gesetzt sind. Zudem kann man obendrein von allen Versuchen und Entdeckungen anderer etwas lernen und sich somit das Spiel um frisch und trocken, um haltbar und konserviert möglichst lange interessant, flexibel und ausbaufähig erhalten.

Pflanzenpressen

Diese althergebrachte Herbarmethode eignet sich nach wie vor gut, Blüte und Blatt zu konservieren. Wer hat nicht schon voller Erstaunen ein längst vergessenes Gänseblümchen oder Stiefmütterchen aus einem dicken Buch herausrutschen sehen und sich dabei gewundert, wie lange das Blümchen da gelegen und sich so gut erhalten hat.

Zum Pressen ist es günstiger, statt dicker Bücher eine Blumenpresse zu verwenden. Pflanzen sondern Saft ab, der die Seiten verunreinigt. Eingelegtes Zeitungspapier saugt nicht ausreichend auf, und vor allem kommt keine Luft zwischen die Buchseiten. Eine Blumenpresse kann man leicht selber herstellen. Zwei Holzplatten, zum Beispiel aus Sperrholz, werden auf ein nicht zu großes Maß, rechteckig oder quadratisch, im Größenbereich von 25/30 × 40/45 cm deckungsgleich zurecht gesägt. An allen vier Ecken sind Löcher zu bohren, durch die dann lange Kopfschrauben gesteckt und mit entsprechenden Flügelmuttern festgehalten werden. Je nach Dicke der Einlage kann über die Schrauben der Druck reguliert werden. Den Nachteil einer solchen Presse bildet die mangelnde Luftzirkulation, bedingt durch die starren Holzdeckel. Einige in die Holzdeckel eingebohrte Löcher verbessern den Luftaustausch etwas. Statt der starren Holzdeckel kann man auch starke Hartfaserplatten nehmen, und das Ganze wird mit verstellbaren Riemen verschlossen, allerdings läßt sich so der Druck dann nicht gut regeln.

Es gibt Pflanzenpressen zu kaufen, zum Beispiel in Fachgeschäften für Lehrmittel und Laborbedarf. Die Pressen bestehen beispielsweise aus breiten Eisenbändern und stabilen Metallgittern, die mit Haken und Spannketten versehen sind, so daß sich der Preßdruck gut regulieren läßt. Andere mit Schrauben verschießbare Modelle besitzen ein zusätzliches Gewinde in der Mitte der oberen Platte; durch Drehen des Gewindes wird der Druck reguliert.

Oben und unten: Beim Auslegen der Blüten und Blätter für das Pressen heißt es behutsam vorgehen. Es darf nichts umknicken, Pflanzenteile dürfen sich nicht überlappen.

Für die Presse sind Fließpapierbögen notwendig, in welche die Pflanzenteile eingelegt werden, und außerdem Zwischenlagen, um die mit Pflanzen bestückten Einlagen voneinander zu trennen. Diese Zwischenlagen haben die Aufgabe, Feuchtigkeit aufzunehmen und alles genügend auszupolstern. Als Einlagebögen empfiehlt sich extra starkes saugfähiges Fließpapier, und als Zwischenlage-Papier läßt sich ganz gut Zeitungspapier verwenden, welches auf das Format der Presse zurechtgeschnitten wurde. Ein Stapel saugfähiges Löschpapier ist noch besser. Als Zwischenlagen eignen sich hervorragend saubere leichte Wellpappestücke, vor allem dann, wenn die Presse einer zusätzlichen Wärmequelle ausgesetzt wird, die Pappe läßt die Luft zirkulieren. Das Prinzip heißt hier möglichst schnell das in den Pflanzen enthaltene Wasser entfernen.

Das Verfahren
Die einzelnen Teile werden auf den Einlegeboden sorgfältig angeordnet, und dabei bedenke man, ob die Blüte oder das Blatt in der Stellung auch so gewünscht wird. Da wir kein Herbarium anlegen, können wir ganz nach eigenem Ermessen vorgehen und brauchen nicht auf bestimmte Herbariumsregeln achten, die zum Beispiel vorschreiben, unbedingt in natürlicher Stellung anzuordnen, wodurch Blätter nach bestimmten Haltungen auszurichten, Pflanzen zu teilen und Stiele

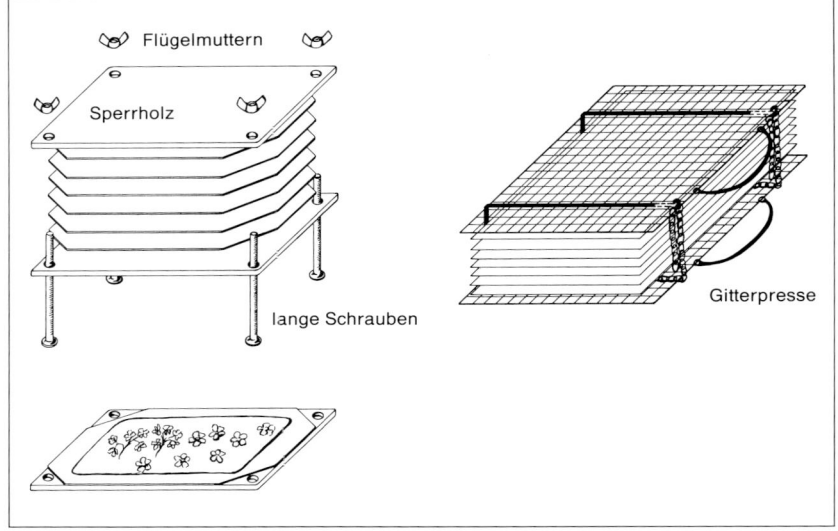

abzuschneiden sind. Da wir, anders als bei Herbarien, meistens Einzelblüten pressen und nicht die gesamte Pflanze, gestaltet sich das Einlegen auch nicht sehr kompliziert. Es richtet sich letztendlich danach, was wir mit den gepreßten Pflanzenteilen anfangen möchten.

Es ist darauf zu achten, daß keine Teile übereinander liegen, daß nichts umgebogen und geknickt wird. Für viele Verwendungszwecke scheint es sinnvoll, Blüten nicht seitlich, sondern frontal zu pressen. Ausgesprochen röhrenförmige oder spitz zulaufende Blüten legen wir besser seitlich ein, größere Trichterformen (beispielsweise Osterglocken), teilt man mit einem scharfen Messer in der Mitte durch und preßt die beiden Hälften getrennt. Beim Einlegen müssen wir aufpassen, daß alle Teile einheitlich hoch zu liegen kommen, damit keine Unebenheiten entstehen. Es muß über den ganzen Bogen angeordnet werden, und es dürfen, wenn die weiteren Einlegebögen hinzukommen, am Ende keine einseitigen Erhebungen entstanden sein. Beim Schließen des einzelnen Bogens ist Vorsicht geboten, damit nicht im letzten Moment noch etwas verrutscht oder Pflanzenteile sich überdecken.

Wie lange soll nun gepreßt werden? Schon nach dem ersten Tag muß feucht gewordenes Zwischenlagenpapier gegen trockenes ausgewechselt werden. Später wird dann in größeren Abständen nochmal gewechselt. Das rasche Aufsaugen der Feuchtigkeit ist für den Farberhalt wichtig.

Der Preßdruck, der anfangs etwas schwächer sein darf, muß nach und nach zunehmen. Zu Beginn kann zu kräftiger Druck die Pflanzenteile quetschen. Im ganzen wird der Vorgang etwa zwei Wochen dauern, danach kann man die Einlegebogen öffnen und nachsehen, wie weit der Prozeß schon fortgeschritten ist, zu Beginn unterläßt man dies besser.

Wird bei stark wasserhaltigen Blüten und Blättern die Zwischenlage nicht

Linke Seite oben: Selbstgebaute Presse, rechts: Gitterpresse (dazu Text Seite 62).

Unten im Bild: Die Pflanzenteile legt man in Fließpapierbögen ein.

Unten links: Beim Anordnen der Pflanzenteile sollte man sich bereits überlegen, wie das Preßergebnis einmal aussehen soll.

Unten rechts: Gepreßte Blüten und Blätter finden durchaus Verwendung in floristischen Arbeiten.

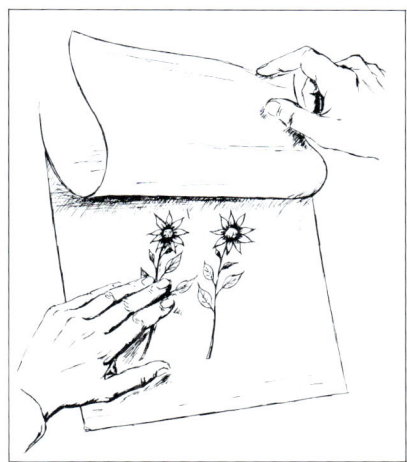

ausgewechselt oder steht die Presse an einem kühl-feuchten Platz, verfärben sich viele Teile und bekommen Flekken. Steht die Presse hochkant, zirkuliert die Luft besser.

Das Pflanzenmaterial
Die Blumen sollen frisch geerntet bzw. gekauft worden sein, sie müssen in gutem optischen Zustand und nicht feucht oder gar naß in die Presse kommen. Blütenköpfe dürfen nicht zu weit aufgeblüht sein, da sich die einzelnen Blumenblätter in einem solchen Stadium leicht vom Kelch oder Blütenboden lösen.

Aufbewahrung
Ist alles trocken, werden die einzelnen Objekte herausgenommen. Sie kommen in große Papierbögen zur trockenen Aufbewahrung. Gepreßte Pflanzen, Blätter und Blüten in Papiertüten mit selbst großzügig bemessenem Format zu füllen, ist nicht ratsam. Zu leicht brechen Blütenblätter beim Herausnehmen oder Zurückgeben ab. Ganz gut bewähren sich kleine flache Kartons oder Dosen, die zwischen Papierlagen mehrere Schichten von Blumen aufnehmen können. Ein sinnvoller Aufbewahrungsplatz ist letztendlich auch die Presse, wenn sie nicht für weite Vorgänge gebraucht wird. Sie ist dann aber ohne Druck locker geschlossen zu halten.

Pressen mit dem Bügeleisen

Ist es notwendig, rasch zu einem Ergebnis zu kommen, kann das Pressen mit dem Bügeleisen eine Hilfe darstellen. Es eignet sich aber nur für wenige ein-

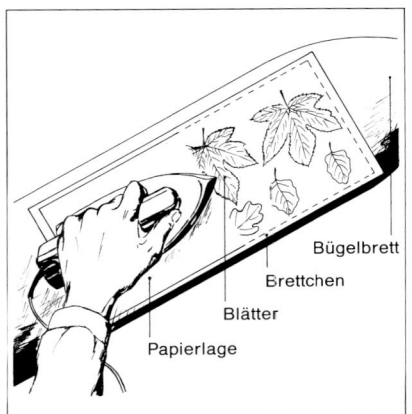

Pressen mit dem Bügeleisen. Zwischen Bügeleisen und dem Pflanzenmaterial muß sich eine Papierlage befinden.

zelne Blüten und Blätter, sonst ist der Zeit- und Energieaufwand zu hoch. Sogar relativ weichfleischige Blätter können so trocknen. Für den Vorgang sind 15 bis 20 Minuten zu rechnen. Um dickfleischige Blüten besser für die Presse vorzubereiten, ist es hilfreich, sie vorher mit dem Bügeleisen zu behandeln.

Das Verfahren
Gebügelt wird auf einer stabilen, festen Unterlage, ein leichtes Brettchen oder eine harte Pappe genügt. In einen dikken Bogen Fließpapier legt man vorsichtig die Pflanzenteile ein und führt das Bügeleisen, auf niedrigste Stufe gestellt, sanft und leicht über das Papier. Nach einiger Zeit wird unter Zuhilfenahme eines zweiten Brettchens die ganze Sache vorsichtig gewendet. Das zu Beginn unten liegende Brettchen liegt jetzt, nach dem Wenden, oben und muß vor dem Weiterbügeln natürlich weggenommen werden. Nun ist die andere Seite zu bügeln, immer auf dem Fließpapier, niemals direkt auf den Pflanzenteilen.

So verdampft die in den Pflanzen enthaltene Feuchtigkeit langsam. Wenn es sich um stark wasserhaltige Blumen handelt, kann zwischen Fließpapier und Platte etwas Zeitungspapier geschoben werden. Ein bißchen umsichtig muß man also zu Werke gehen, ein zu heißes Bügeleisen, ein zu schnelles Vorgehen verursacht nur braune Flecken auf den pflanzlichen Oberflächen und bewirkt, daß das Material leicht bricht. Diese Gefahr besteht übrigens auch dann, wenn zu lange gebügelt wird.

Das Pflanzenmaterial
Die Pflanzenteile sollen keinesfalls naß sein. Für komplizierter gewachsene Blütengebilde ist es nicht ungünstig, wenn sie leicht angewelkt sind. Bügeln stellt eine gute Methode für Blätter dar. So läßt sich farberhaltend (!) selbst buntes Herbstlaub konservieren. Allerdings muß der Vorgang wirklich so lange durchgeführt werden, bis die Blätter tatsächlich trocken sind, damit die Farben befriedigend erhalten bleiben. Aber natürlich können wir die herrliche Leuchtkraft eines bunten Herbstblattes in seiner spezifischen Textur niemals präparieren. Aber das Rot, das Orange, das Gelb und Braun bleiben dennoch, wenn auch in einer abgedunkelten, matteren Version.

Neben den herbstlichen und anderen Laubblättern bringen alle gleichmäßigen Blütenformen gute Ergebnisse: Margeriten, Stiefmütterchen, einzelne Primelblüten, Einzelblüten von Staudenastern, Kosmeen, Anemonen, Cinerarien und alles, was eine flache, rundliche oder Sternform hat und keine zu sehr erhabene Mitte aufweist. Von den Korbblütlern (Margeriten, Kornblumen) sollte man solche aussu-

Für das Trocknen im Backofen legt man die Pflanzenteile auf ein Backblech oder auf einem Gitterrost aus. Die Backofen-Temperatur darf 60 °C nicht überschreiten, damit die Blattränder nicht verbräunen.

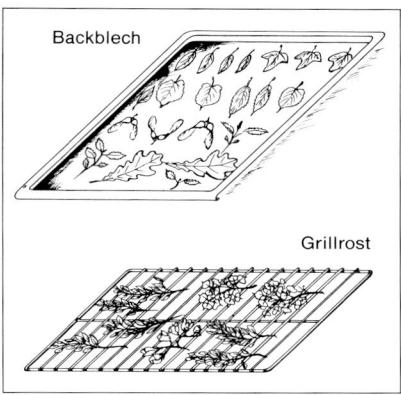

chen, bei denen die Röhrenblüten im Gegensatz zu den Zungenblüten (diejenigen, die am Rand sitzen) eine eher untergeordnete Rolle spielen. Dadurch läßt sich die Gesamtblüte ansehnlicher pressen und wird die Blütenmitte nicht so leicht auseinandergequetscht.

Einzelne Blütenblätter von großformatigen Blumen können wir ebenfalls mit Erfolg »bügeln«: Einen Versuch lohnen Blütenblätter von Rosen, Mohn, Tulpen, Sonnenblumen, Zinnien, Anemonen, Weihnachtssternen, Hortensien und Pfingstrosen. Von den Wildblumen kommen in Frage: Mohn, Fingerkraut, Erdbeerblüte, Hahnenfuß und andere.

Aufbewahrung
Siehe Seite 49, 50

Trocknen im Backofen

Einen anderen Weg, den Trocknungsprozeß zu beschleunigen, bietet das Trocknen im Backofen. Die räumliche Ausdehnung der Pflanzenteile bleibt erhalten, obwohl das Gesamtvolumen durch den Wasserverlust reduziert wird. Für das Trocknen im Backofen eignen sich kleinformatige Blumen mit kompakter robuster Substanz am besten. Der Vorteil des Backofen-Verfahrens liegt im guten Erhalt der Farben, sogar ein vorhandener Duft bleibt noch lange im fertig getrockneten Zustand präsent. Da ja in den meisten Fällen schnelles Trocknen bekanntlich die besten Ergebnisse bringt, hat der Backofen schon gewisse Vorteile, und das Pflanzengut schrumpft nicht stärker ein als beim Auslegen oder Aufhängen.

Das Verfahren
Der Ofen wird auf die niedrigste Stufe (ungefähr 60 °C) eingestellt, die Backofentüre muß leicht geöffnet bleiben, damit die Luft zirkulieren kann. Außerdem sollte oft nachgesehen werden, damit man rechtzeitig ein Verbräunen, und sei es nur an den Blütenblattspitzen, verhindert. Da bei dieser Trocknungsmethode Erfahrungswerte eine bedeutende Rolle spielen und die verschiedenen Backofentypen zudem unterschiedlich reagieren, machen wir besser vorher einige Proben.

Das Pflanzenmaterial
Wie gesagt, das Ofentrocknen ist ideal für alles, was seinen Duft behalten soll, wie zum Beispiel der Werkstoff für Potpourris oder kleine Duftsträußchen. Im übrigen sollten die Pflanzen frisch geerntet, keineswegs feucht, auf das Backblech gelegt werden. Günstiger noch als das Backblech ist ein Grillrost, weil die Blumen dort nicht mit einer Seite auf der heißen Fläche liegen, sondern die warme Luft streift um sie herum. Kleine Blümchen fallen durch das Gitter, werden sie zu mehreren zu-

Links: Dieser Kranz wurde mit frischen Blüten und Blättern gebunden und anschließend im Backofen getrocknet. Die Farben blieben gut erhalten.

Unten: Diese Pflanzen wurden im Backofen getrocknet. Was man nicht sieht: Der Duft bleibt bei dieser Trocknungsmethode erhalten.

sammengefaßt, klappt das Verfahren problemlos. Die Trocknungszeit im Backofen hängt von der jeweiligen Pflanzenbeschaffenheit ab, daher nochmal der Rat: Öfters kontrollieren! Der richtige Zeitpunkt zum Entnehmen ist erreicht, wenn alles Material keine weichen Stellen und somit Wasserreste mehr aufweist und knisternd trocken ist. Etwas Feuchtigkeit nehmen die Pflanzen nach dem Trocknen im Backofen wieder aus der Luft auf, so daß sich diese »Krach-Dürre« verliert.

Aufbewahrung

Das fertige Trocknungsgut bewahren wir in kleinen Kartons, Dosen und Schachteln auf. Blütenblätter und Blatteile kommen am besten in verschließbare Dosen (getönte Glasbehälter).

Sand

Sand war schon für unsere Großmütter und Urgroßmütter ein Mittel, um Blumen zu trocknen. Vor und um die Jahrhundertwende wurde das Blumentrocknen in Sand sogar gewerblich betrieben. Die damalige Methode muß nun nicht nachvollzogen werden, sie erscheint heute sehr umständlich und langwierig. Nach altem Rezept wurde der Sand mehrmals gewaschen und mit Salicylspiritus, Stearin und Walrat versetzt. Die Blumen wurden darin eingebettet und in speziell dafür angefertigten Trockenkästen einer künstlichen Wärmequelle ausgesetzt.

Wo die erforderliche Wärmezufuhr sichergestellt ist, können Blüten und Blätter, in Sand eingebettet, trocknen.

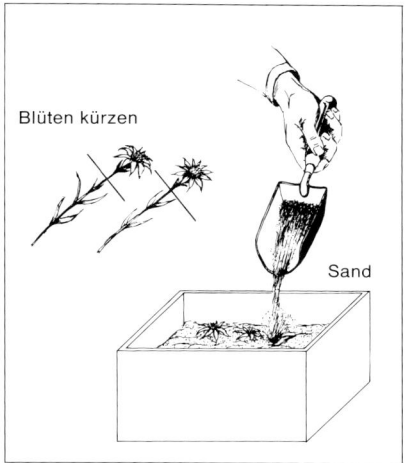

Blüten kürzen

Sand

Das Verfahren

Wie bei der alten Methode vorgeschrieben, gilt immer noch, daß ein sehr feiner, reiner Sand zu nehmen ist. Am besten eignet sich Quarz-, Aquarium-, Muschel- oder ähnlicher Sand. Außerdem muß der Sand ganz trocken sein. Der Boden einer stabilen Schachtel oder Dose erhält eine Lage Sand. Auf diese Schicht werden nun die einzelnen Blüten und Blätter gelegt und vorsichtig mit weiterem Sand eingebettet. Auf diese vollständig abgeschlossene Lage kann, je nach Substanz der Blumen, wenn sie also nicht zu empfindlich sind, noch eine zweite Lage kommen.

Ist das Gefäß bestückt und gefüllt (die letzte Schicht ist immer Sand), wird es an einen warmen Platz gebracht. Heiß muß es dort nicht sein, die Blütenblätter könnten sonst braun werden. Aber ohne eine zusätzliche Wärmequelle ist das Trocknen in Sand nicht viel wert. Der Sand nimmt dann wohl ebenso Feuchtigkeit von den Pflanzen auf. Fehlt aber die Wärme, bleibt diese Feuchtigkeit im Sand erhalten. Dadurch liegen die Blumen, selbst noch nicht trocken, in feuchter Umgebung. So werden sie schlapp, stocken und beginnen eventuell gar zu schimmeln.

Der Kasten mit Sand kann in einem Heizkeller auf warmen Röhren stehen oder einer ähnlichen Quelle ausgesetzt sein. Ein im Backofen aufgestellter Kasten läßt sich schwer kontrollieren. Selbst bei kleinster Heizstufe wird der Sand sehr heiß (aber auf mehr als 45 °C darf er sich nicht erhitzen). Die Nachwärme eines ausgeschalteten Ofens könnte sicher genützt werden, sie reicht aber für den gesamten Trocknungsvorgang nicht aus. Um es einmal auszuprobieren, ließe sich ja eine Probetrocknung vornehmen (Blechdosen verwenden!).

Normalerweise dauert der Trocknungsprozeß im Sand zwischen drei bis vier und zehn bis vierzehn Tagen, je nach Blütenart und Höhe der Temperatur. In Sand trocknen kann mitunter im Winter, wenn die Heizung läuft, leichter zu verwirklichen sein als im Sommer, wenn es keine Wärmequelle gibt. Denn nur einfach in die Sonne zu stellen, reicht in unseren Breitengraden nicht aus.

Das Pflanzenmaterial

Kleine, geschlossene und kompakte Blütenformen sind zu wählen. Alles, was dicht gebaut ist, eignet sich besser als Lockeres. Das Trocknen von zarten Trichterformen und Blüten, die Hohlräume aufweisen, oder das Konservieren großer, flächiger Blütenblätter gestaltet sich zwar nicht als unmöglich, ist aber doch schwieriger zu bewerkstelligen und befriedigt nicht im Ergebnis.

Flächige Blüten kann man gut in Waschpulver trocknen. In einen stabilen, gut verschließbaren Behälter wird das Trocknungsgut lagenweise eingebettet.

Alle Pflanzenteile trocknen in Sand eingebettet langsam. Sie behalten ein gewisses Volumen und bewahren ziemlich gut ihre Farbe, wobei in der Regel alle kräftigen und klaren Farben die besten Ergebnisse bringen. Rot, Blau und dunklere Farben tendieren leicht zu schwärzlichen Schattierungen, Pastelltöne und Weiß bekommen eine bräunliche, gräuliche Abdeckung. Sehr feine kleine Blümchen (wie Veilchen) können bei dem Sand-Verfahren stark schrumpfen. Es kommt jedoch immer auf das gewünschte Ergebnis an und darauf, was man damit anfangen möchte. Das Trocknen in Sand ist preiswert, dabei nicht uneffektiv und relativ mühelos, wenn für eine Wärmezufuhr gesorgt ist.

Aufbewahrung
Siehe Seite 49, 50

Waschpulver

Ähnlich wie beim Trocknen in Sand wird hier mit einer grieß- oder pulverförmigen Substanz gearbeitet. In Waschpulver eingelegte Pflanzen brauchen keine zusätzliche Wärmequelle, wie das beim Trocknen in Sand notwendig ist. Jeder normal temperierte Raum ist dafür geeignet, wobei ungeheizte oder sonstwie kalte und feuchte Plätze auszuschließen sind. Wer die Möglichkeit hat, eine höhere Wärme zu erreichen, soll sie ruhig nutzen, einen wesentlichen Ausschlag für ein besseres Resultat gibt dies jedoch nicht: Das Trocknen geschieht dann nur ein bißchen schneller.

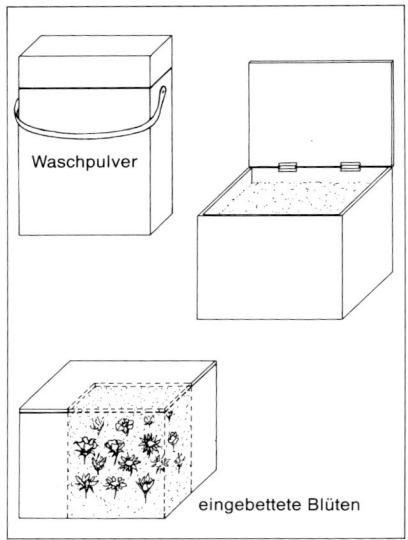

Viele verschiedene Blumen, Blütenstände und Blätter können in Waschpulver eingelegt werden, auch solche, die zart und dünn sind oder einen komplizierten Aufbau aufweisen. Es ist aber damit nicht gesagt, daß sich solche fragilen Formen nun ganz besonders gut präparieren ließen. Man kann das Verfahren anwenden, aber ein einfacher Blütenaufbau, verbunden mit stabiler Konsistenz, bringt immer ein befriedigenderes Resultat.

Das Waschpulver muß von keiner Spitzenqualität sein, es genügt das billigste. Besser kauft man sich eine größere Menge, man hat dann die Möglichkeit, auch einmal kleine Gebinde, Sträußchen, sowie Kränzchen als Ganzes einzulegen. Das Waschpulver kann ebenso wie der Sand beliebig oft verwendet werden.

Das Verfahren
Als Behälter für das Einlegen werden feste, stabile Kartons, Dosen oder Schachteln gebraucht, die gut ver-

Wenn auch die Farben verblassen, stellt das Trocknen in Waschpulver eine brauchbare und preisgünstige Methode dar.

schließbar sein müssen. Die vorbereiteten Pflanzen sollen sich in gutem Zustand befinden und nicht feucht sein. Auch sollten sie möglichst nicht schon im Wasser gestanden haben. Handelt es sich um sehr kurzstielige Stengel und Stielchen, sind diese inwendig zu stützen, falls dies möglich ist. Ist der Stiel hohl, schiebt man ein kleines Stückchen Draht, je nach Stielstärke 0,5 bis 0,8 mm stark, bis zum Blütenboden hindurch. So entgeht jede Stelle des Stengels nach dem Trocknungsprozeß der Bruchgefahr. Das inwendige Stützen sollte man dem äußeren Andrahten vorziehen, denn meistens sitzt der außen um den Stiel geführte Draht nach dem Schrumpfungsprozeß zu locker, und es muß dann nochmals neu angedrahtet werden (siehe auch Seite 107).

Doch zurück zum Konservierungsverfahren. Der Grund des Behälters wird mit einer Schicht Waschpulver angefüllt, darauf werden die Blüten gesteckt (mit dem Gesicht nach oben), die man mit Pulver vorsichtig überrieselt und einbettet. Eine zweite Schicht Blüten kann folgen, dann läßt sich beim Einordnen der Blüten ein Wechsel vornehmen: In der ersten Schicht schaut das Gesicht nach oben, in der nächsten nach unten. Die Methode funktioniert nur mit flächigen Blüten, deren Kelch nicht extra gefüllt werden muß. Mehrere Schichten von Trocknungsmaterial sind nur dann angebracht, wenn es sich um stabile Formen handelt, da der Druck für die unterste Schicht beträchtlich sein kann. Der Behälter erhält zum Schluß eine letzte, 2 bis 3 cm starke Schicht Waschpulver und wird geschlossen.

Die Blumen können ziemlich lange im Waschpulver bleiben, auch wenn die Trocknungszeit längst beendet ist. Fertig ist das Ganze im Schnitt, je nach Raumtemperatur und Blütenbeschaffenheit, nach rund zwei bis drei Wochen. Eine Rolle spielt dabei aber auch, wie hoch das Waschpulver und die Pflanzenteile aufgeschichtet wurden. Braucht man die Blumen nicht gleich zum Verarbeiten und will man keine neue Serie einlegen, so sind die Sachen gut länger darin aufgehoben, das gilt selbst für Zeiträume von einigen Wochen oder Monaten. Liegen die Blüten und Blätter allerdings ein halbes oder ein ganzes Jahr lang, werden alle Farben gelblich, bräunlich bis golden, was bei bestimmten Blumen wie Rosen, Nelken sehr hübsch und altmodisch aussehen kann.

Blütenstiele werden vorsichtig aus der Borax-Maismehl-Mischung entnommen.

Das Herausnehmen der präparierten Teile ist unproblematisch: durch leichtes Schräghalten des Behälters fließt die oberste Waschpulverschicht heraus. Oft klebt das Pulver etwas fest und muß dann mit Hilfe eines Löffels oder ähnlichem vorsichtig gelockert und abgetragen werden. Da bei der Waschmittel-Konservierung die Pflanzen nicht so sehr dürr werden, wie es bei den Verfahren mit anderen Mitteln vorkommt, muß man keineswegs ängstlich vorgehen, die Blumen bewahren eine gewisse Elastizität und lassen sich gut herauslösen.

Fast immer bleibt ein klein wenig Pulver an der Pflanze zurück. Es bildet kleine weißliche, hier und da auffallende Überzüge. Das sieht stellenweise wie leicht überpudert aus. Die Waschmittelreste und -körnchen sind nicht ohne Gewalt zu lösen, dabei wird meistens die Blüte beschädigt. Mit Hilfe eines feinen, weichen Pinsels »reinigt« man die Blumen vorsichtig nach dem Herausnehmen, doch was nicht von selbst abfällt, sollte haften bleiben. Zu leicht ist ein Blütenblatt ausgerissen, ein Loch entstanden. Das Trocknungsgut wird auf ein Tablett gelegt und warm gestellt. Hierbei lockern sich dann die noch zusammengeklumpten, zwischen den Blütenblättern klebenden Waschpulverreste und bröseln ab.

Das Pflanzenmaterial

Ungünstig für die Waschpulver-Präparierung erweisen sich eigentlich nur stark behaarte, empfindliche Teile, weil in ihnen noch zuviel schwer wieder lösbares Waschpulver hängenbleibt. Das gleiche gilt für kleinere Blüten mit Hohlräumen, wie sie zum Beispiel Rachenblütler (Löwenmäulchen) besitzen. Der Blütenhohlraum müßte auch mit Pulver ausgefüllt werden und nach dem Trocknen bekommt man es nur schwer wieder heraus. Wird dagegen dieser Raum nicht ausgefüllt, schrumpft die Blume und drückt sich zusammen.

Davon abgesehen, läßt sich sehr viel mit Waschpulver konservieren, auch Blattwerk bringt schöne Ergebnisse, und dies gilt wiederum besonders für kleinere, sogar dickliche Blätter, wie sie Alpenveilchen haben. Daß die Farben nicht lebendig frisch bleiben, bedarf keiner Erwägung, zumindest werden die Blätter nicht vollständig verändert oder ausgebleicht. Durch das Einlegen in Waschpulver bekommt Grün gerne einen Grauschimmer, Rosa und Blau bleiben ziemlich naturgetreu erhalten. Rote, orangefarbene Töne und Weiß tendieren mehr oder weniger stark zum Gelblichen hin. Bei einer langen Verweildauer (einige Monate) in Pulver muß allerdings – wie erwähnt – der totale Verlust der Farben Rot, Blau, Orange und Weiß einkalkuliert werden.

Die so konservierten Blumen und Blätter halten sich gut, wenn sie nicht feucht aufbewahrt werden, was grundsätzlich für alle konservierten Pflanzenmaterialien gilt. Von allen pulvrigen, grießförmigen Substanzen zum Konservieren ist das Waschpulver am weichsten und leichtesten und eignet sich auch, um komplette kleine Gebinde zu konservieren. Dies geht zwar auch mit anderen Mitteln, in Silica-Gel zum Beispiel trocknen Sträußchen

72

noch schöner ein. Ein Problem entsteht aber, wenn das Gebinde trocken und brüchig geworden, aus der Substanz genommen wird: Der Druck auf einzelne Blüten ist unter Umständen zu stark, Blütenblätter können ausbrechen, ganze Blumen knicken ab. Weiter ist der Preis für Silica-Gel hoch und, um einen Strauß oder einen Kranz darin zu präparieren, braucht es ein ordentliches Quantum davon. So stellt das Trocknen in Waschpulver eine sehr brauchbare und weniger kostspielige Methode dar. In Waschpulver konservierte kleine herbstliche und winterliche Arbeiten können recht hübsch und delikat aussehen.

Aufbewahrung
Siehe Seite 49, 50

Borax

Borax zählt wie Waschpulver zu den pulverförmigen Konservierungsmitteln. Es wird als Zusatz für Seifen gebraucht, zu Glasuren für Porzellan, zur Glasherstellung, zur Wasserenthärtung und für medizinische Desinfektionszwecke. Borax ist in Drogerien als Haushaltsborax in grießförmiger Form erhältlich. Dieses reicht vollkommen aus und muß nicht chemisch rein sein. Die Wasseraufnahmefähigkeit des Borax ist nicht übermäßig hoch, sie entspricht ungefähr der von Sand. Deshalb brauchen wir für die Konservierung in Borax eine zusätzliche Wärmequelle, die Temperatur muß 35 °C nicht überschreiten.

Das Verfahren
Viel bessere Ergebnisse als mit der alleinigen Substanz erreicht man mit einer Mischung aus Borax und Maismehl im Verhältnis 50:50. Die Mischung ergibt ein geschmeidiges Pulver, das sich ohne Druck und viel Gewicht auf die Blüten legt und sich leichter noch als Waschpulver entfernen läßt, weil es nicht zusammenklumpt. Eine beson-

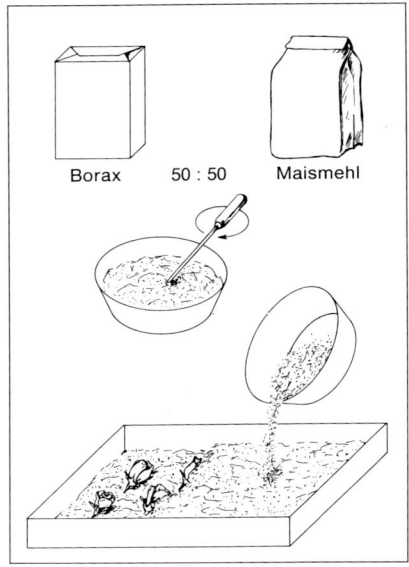

Borax 50 : 50 Maismehl

Für das Trocknen in Borax eignen sich einzelne Blumen und kleinere Blütenstände. Das Material wird lagenweise in die Borax-Maismehl-Mischung eingelegt. Der verschlossene Behälter mit dem Trocknungsgut muß an einem warmen Ort stehen.

dere Wärmequelle ist dafür nicht vonnöten. Es genügt ein normal warmer Raum. Natürlich ist zusätzliche Wärme bei keinem Verfahren von Nachteil! Der Boden des Gefäßes wird 1 oder 2 cm dick mit der Mischung bedeckt. Die Blüten werden mit dem Gesicht nach oben oder nach unten eingelegt und vorsichtig mit dem Pulver bestreut. Es ist möglich, eine zweite Lage daraufzuschichten. Anschließend wird alles mit der Mischung bedeckt, das Gefäß verschlossen und an den Trocknungsplatz gestellt. Nach etwa einer Woche können wir öffnen und an einer Ecke die Schicht abheben, um nachzusehen, wie weit die Blumen trocken sind. Sind die einzelnen Blütenblätter so weit, der Blütenboden aber noch weich, muß das Gefäß wieder verschlossen und abgewartet werden, bis der letzte, die Feuchtigkeit am längsten haltende Teil ebenfalls getrocknet ist. Dann kann ausgebettet und das Gemisch mit einem Pinsel vorsichtig von den Pflanzenteilen abgestäubt werden. Das Herausnehmen macht nicht viel Schwierigkeit, weil das Borax-Maismehl lokker ist und nicht klebt. Die Blüten werden keinesfalls so strohtrocken, daß man sie kaum anzufassen wagt.

Die Mischung verteilen wir nach dem Gebrauch ein wenig zum Austrocknen und füllen sie anschließend in einen dicht schließenden Behälter. So können wir sie öfters verwenden.

Das Pflanzenmaterial
Die Borax-Maismehl-Methode eignet sich gut für einzelne Blumen und kleinere Blütenstände. Alle Pflanzenteile halten ziemlich gut die Farbe.

Aufbewahrung
Siehe Seite 49, 50

Lacke und Anstrichmittel

Als eigentliche Konservierungsmittel können Lacke und Anstrichmittel nur äußerst bedingt angesehen werden. Lack verschließt zwar die Oberfläche der Pflanzenteile, klebt Blüten aber schnell zusammen. Er ist zudem schwerflüssig dick, oder der Sprühdruck aus der Lackdose ist für zarte Blumenblättchen viel zu heftig. In der Floristenpraxis gibt es, aus Amerika kommend, einen speziellen Überzuglack für frische Blumen: Er konserviert nicht, sondern verlängert durch die unterbundene Wasserverdunstung lediglich die Lebensdauer der Blüten etwas. Es läßt sich also durch einen vollständigen Verschluß der atmenden, wasserverdunstenden Blatt- und Blütensubstanz keine andauernde Konservierung im eigentlichen Sinn erreichen. Der Lackauftrag stellt lediglich eine Nachbehandlung dar, die eine größere Widerstandsfähigkeit gegen äußere Einwirkungen bewirkt. Letztendlich kann der Einfluß von Licht, Staub und hoher Luftfeuchtigkeit nicht gänzlich verhindert werden, und die konservierten Pflanzen haben, dann wenn sie verblaßt und unansehnlich geworden sind, ihre Lebensdauer erfüllt. Sie machen Platz für neue Pflanzen, neue Zusammenstellungen. Werden die mit Lacken überzogenen Pflanzenteile geschützt vor äußeren Einflüssen aufbewahrt, zum Beispiel gepreßt in Herbarbögen oder in Gläsern mit Konservierungsflüssigkeit, halten sie sich natürlich viel länger.

Das Verfahren
Lack kann sinnvollerweise dort eingesetzt werden, wo ein Schutzfilm an bereits konservierten Blumen und Blättern äußere Einflüsse vermindern soll. Bei nicht so starker Inanspruchnahme reicht ein Haarspray aus, sonst ist Fixativspray angebracht, wie es in der Malerei und im Kunsthandwerk häufig verwendet wird. Es ist auf alle Fälle darauf zu achten, daß das Spray keine Fluorchlorkohlenwasserstoffe (FCKW) enthält. Für flächige Pflanzenteile eignet sich Fixativ auf Auftragen sehr gut. Es kann ganz dünn (mit einem feinen Pinsel) verwendet werden, glänzt nicht, vergilbt nicht und ist auf keinen Fall so dickflüssig, wie es auch noch so feiner Lack wäre. Fixativ besteht aus sehr feinen Harzen in alkoholischer Lösung.

Das Pflanzenmaterial
Dickere Äste, Wurzeln und Rindenstücke behandeln wir nach dem Austrocknen mit einem auf biologischer Basis hergestelltem Holzschutzmittel. So läuft man keine Gefahr, daß Holzböcke, Holzwürmer und ähnliches in die Räume gelangen. Zu Wurzeln paßt es gut, wenn sie mit einem Isoliergrund eingepinselt werden. Er zieht ein, hinterläßt keinen Glanz; das Holz erscheint aber intensiver im Ton und ist zudem geschützt.

Früchte reiben wir mit einem guten harten Bohnerwachs, besser noch mit Bienenwachs, ein. Wer es glänzend mag, kann auch Klarlack verwenden. Obwohl dieses Verfahren für kleine Früchte kaum praktikabel ist, lassen sich diese Hausmittel für Zierkürbisse und andere prima anwenden. Wichtiger für eine lange Haltbarkeit dieser Früchte erweist sich aber, daß sie vollständig ausreifen konnten. Wenn sie anschließend, ohne daß sie gestoßen werden, zum Trocknen ausliegen, können sie als eine ziemlich hart gewordene Frucht sogar mehrere Jahre lang halten. Allerdings verlieren sie im Lauf der Zeit vollständig ihre bunten leuchtenden Farben.

Gummi arabicum

Gummi arabicum ist ein Naturprodukt, es wird aus der Rinde einer Akazienart *(Acacia senegal)* gewonnen und findet Verwendung als Binde- und Klebemittel. Gummi arabicum gibt es in Brokken- und Pulverform. Die pulverisierte Form ist die geeignetere, da sich bei der

75

Das Konservieren mit Gummi arabicum erfordert schon einige Erfahrung. Hier eine auf diese Weise behandelte Knospe von Alcea rosea, der Stockrose.

Konservieren in Gummi arabicum. Oben: Gummi arabicum wird in Wasser gelöst, bis eine gummiartig klebrige Flüssigkeit entsteht. Unten: Die Lösung trägt man mit einem Pin-

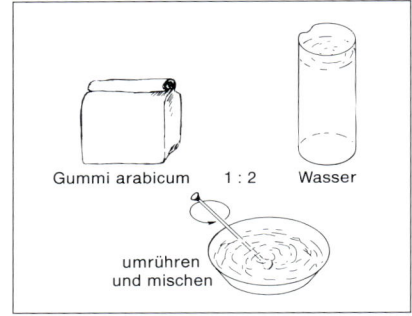

Aufbereitung die Brocken viel schwerer und umständlicher in Wasser lösen (Gummi arabicum ist vollständig wasserlöslich).

Das Verfahren

Es genügt, das Pulver mit warmem Wasser anzurühren und aufzulösen. Am besten läßt man die Mischung eine Weile stehen, bis eine gleichmäßigere, bräunliche, etwas dickflüssige, doch ziemlich durchsichtige Lösung entstanden ist. Das Mischungsverhältnis kann 1:2 betragen oder dünner sein. Wasser darf jederzeit zugefügt werden, die Lösung soll sich leicht gummiartig klebrig anfühlen. Zu dickflüssiges Gummi arabicum läßt sich nicht gut auf die Blütenblätter auftragen, die einzelnen Teile kleben allzu leicht aufeinander.

Die Lösung wird mit einem weichen Pinsel mehrmals aufgetragen, bis sich eine geschlossene Schicht auf der Blüte ergibt. Um die wasserabstoßende Epidermis der Blätter und Blütenblätter aufnahmefähiger zu machen, kann dem Mischungswasser eine winzige Menge flüssiges Spülmittel beigefügt

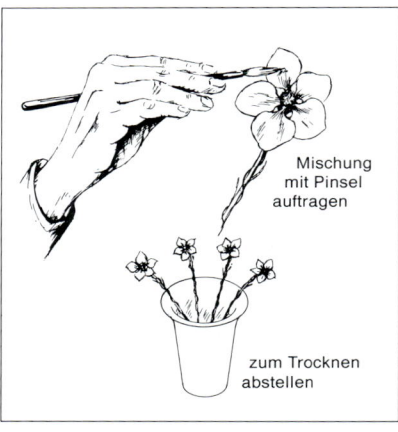

werden, quasi als Netzmittel, das den lückenlosen Auftrag erleichtert.

Die Blüten können auch in die Gummilösung eingetaucht werden. Das geht aber nur bei kompakten, schwereren Formen gut, alle übrigen klappen durch die relativ dicke Flüssigkeit zusammen und müssen dann mühsam wieder auseinandergefaltet werden.

Die behandelten Pflanzen sind nun

sel mehrmals auf, bis sich eine geschlossene Schicht auf der Blüte ergibt.

vorsichtig zu trocknen. Es ist darauf zu achten, daß kein Teil irgendwo festklebt. Günstig erweisen sich kleine Gläschen und ähnliches, in die die behandelten Blumen eingestellt werden. Hier wäre es angebracht, vorher zu drahten (siehe Seite 107), damit sich die Stiele, welche sowieso kurz zu halten sind, mit ihren inzwischen schwer gewordenen Köpfen gut einstellen lassen. Die fertigen, bepinselten, getauchten Blumen trocknen auch ausgelegt auf einem Tortengitter. Sie auf einer festen Unterlage oder gar auf Papier auszubreiten, ist in keinem Fall ratsam. Je mehr Auflagefläche das einzelne Teil hat, desto ungünstiger ist es. Das Teil verklebt fest mit dem Untergrund, und beim Lösen reißt die Blüte ein, da sie die nachgiebigste Substanz aufweist, oder sie bleibt hängen. Bei dem Gummi-arabicum-Verfahren ist es deshalb notwendig, die behandelten Pflanzenteile öfters anders anzuordnen, um dieses Ankleben zu verhindern.

Diese Methode erfordert – wie andere auch – eigene Versuche und Erfahrungswerte, um zu einem guten Resultat zu gelangen. Man entwickelt mit der Zeit ein Gespür dafür, wie oft die Gummi-arabicum-Lösung aufzutragen ist und wie die einzelnen Blüten und Blätter reagieren. Es läßt sich nicht generell sagen, daß eine flächige, relativ stabile Blütenblatt-Konsistenz dafür besonders ideal wäre. Selbst wenn die Blüte einer Pflanze ganz optimal konserviert wird, kann es sein, daß eine andere Blüte derselben Pflanze dünne Stellen und Verfärbungen bekommt.

Fertig präpariert sind die Pflanzen erst, wenn sie richtig trocken sind, und so lange bleiben sie ausgebreitet liegen. Man darf sich nicht voreilig über das Ergebnis täuschen, denn wenn die behandelten Blumen und Blätter in den ersten zwei Tagen ausliegen, sehen sie frisch aus, und ihre Farben leuchten. Der Trocknungsvorgang hat nur noch nicht merkbar eingesetzt. Aber nach und nach ist zu sehen, wie die Farben verloren gehen. Die Substanz schrumpft und die Endform sowie die verbleibende Farbe werden sichtbar.

Das Pflanzenmaterial

Alle kleinformatigen Blumen lassen sich gut mit Gummi arabicum konservieren, besonders gilt dies für kleine und kleinste Sträußchen und Gebinde. Sie müssen ein wenig nostalgisch aussehen, denn der leicht altmodische Eindruck paßt am besten zu den Gummi-arabicum-Blümchen.

Aufbewahrung

Aufbewahrt werden die fertigen Pflanzen und Pflanzenteile in gut verschließbaren Kartons und Dosen an einem trockenen Platz.

Gummi arabicum und Zucker

Eine kleine Abwandlung der Gummiarabicum-Methode bedeutet die zusätzliche Behandlung mit Zucker.

Daß Zucker konserviert, ist durch eingekochtes Obst, Gelees und Marmeladen ausreichend bekannt. Kochen muß für unsere Zwecke natürlich ausscheiden, weil sonst alles verfallen und eben zerkocht würde, aber die konservierende Wirkung des Zuckers mag

Nach dem Eintauchen in Gummiarabicum-Lösung kann man die Blüten in feinkörnigem Zucker wenden.

Die so entstandenen »Zuckerblumen« bedeuten eine amüsante Abwechslung.

Unten: In Gummi arabicum getauchte und dann in Zucker gewendete Blüten haben ihren eigenen Reiz.

Vorsichtig werden die Rosen in Silica-Gel eingebettet. Jeder Zwischenraum wird mit dem Granulat ausgefüllt.

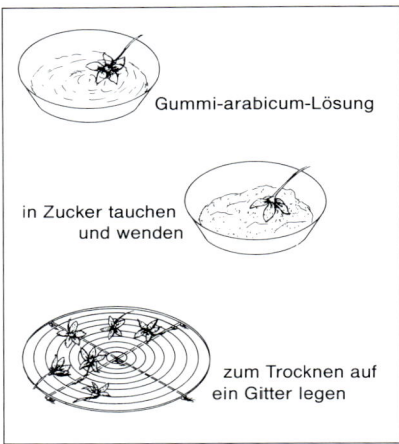

man sich auch ohne den Kochvorgang zunutze machen.

Das Verfahren

Nach dem Einpinseln mit Gummi arabicum können die einzelnen Teile in Zucker gewendet, damit berieselt oder bestäubt werden. Dazu kann man Puderzucker, der allerdings leicht klumpt, verwenden oder besser Kristallzucker von der allerfeinsten Sorte. Er bleibt gut haften, klebt nicht zusammen und ergibt einen sanft glitzernden Überzug. Bevor ein Teil mit Zucker in Berührung kommt, sollte es abtropfen, denn Gummi arabicum und Zucker lassen zusammen die Blütenblätter sehr schwer werden; sie kippen um und hängen schlaff herab. Dagegen ist wenig zu machen, man kann nur die fertigen Blumen vorsichtig mit den Blütenspitzen etwas stützend auf ein Gitter oder auf den Rand einer flachen Schale legen.

Wenn die erste Feuchtigkeit verschwunden ist, also der Anschein besteht, daß alles schon ein ganz klein bißchen trockener wird, löst man die einzelnen Teile ganz sanft an der Stelle, an der sie festkleben, und verrückt sie. Dadurch läßt sich verhindern, daß sich irgendwelche Teile fest mit dem Untergrund verbinden, was ja bei dieser Stoffkombination ganz schnell geschehen kann.

Neben dem Gummi arabicum kann Eiweiß für diese Art des Konservierens benutzt werden. Ein oder zwei Eiweiß je nach Menge der Blumen wird sehr steif geschlagen, die Blüten und kleinere, nicht wasserreiche Früchte werden darin gewälzt oder getaucht – gleichwie, es muß alles in engen Kontakt mit dem Eiweiß gekommen sein. Dann dreht man das Objekt ganz vorsichtig im Zucker oder bestäubt, berieselt es. Je nach Beschaffenheit der Blätter oder der Blume wird der Vorgang wiederholt, bei Früchten ein paarmal, bei dicken, geschlossenen Knospen und ähnlichen Pflanzenteilen ein- bis zweimal, bei Blüten genügt ein einmaliger Vorgang.

Die fertigen Teile legt man auf einem Tortenblech, Tortengitter oder ähnlichem aus. Von den beiden Kombinationen mit Zucker ist die mit Gummi arabicum der Eiweißmethode vorzuziehen. Der Auftrag ist nicht so dick wie bei der Eiweiß-Zuckermischung, bei der auch die Haltbarkeit, besonders der Früchte, von begrenzter Dauer ist.

Das Konservieren mit Zucker stellt eine amüsante Abwechslung dar. Genauso wie die mit Gummi arabicum behandelten Blütchen wirken die »Zuckerblumen« in allerlei kleinen Arbeiten, die romantisch aussehen sollen, recht hübsch und verspielt und dabei nicht besonders schwergewichtig.

Silica-Gel

Silica-Gel, auch Kieselsäure-Gel genannt, wird wegen seiner ultramikroskopischen Poren als Adsorptionsmittel für viele chemische und technische Bereiche verwendet. Von allen Trocknungsmitteln hat es das größte Feuchtigkeits-Aufnahmepotential. Silica-Gel hat eine bräunliche Färbung und besteht aus kleinen rundlich abgeplatteten Körnern. Es gibt auch blaues Silica-Gel zu kaufen. Dieses ist mit einem Farbindikator versehen, der durch einen Farbumschlag anzeigt, daß die Feuchtigkeitssättigung erreicht wurde. Das Gel nimmt dann eine hellere bis rosa Färbung an. Das Gel gibt es in verschiedenen Körnungen: Das feinere, grießartige Gel hinterläßt auf zarten Blütenblättern weniger Druckstellen als das normalkörnige. Es ist aber auch teurer, und da Silica sowieso nicht billig ist, kann man ja überlegen, für welches Gel man sich entscheidet. Im allgemeinen kann man mit dem gröberen Gel alle Blüten trocknen, ohne besondere Nachteile fürchten zu müssen.

Der relativ hohe Preis von Silica-Gel wird durch den Vorteil wettgemacht, daß man es mehrmals verwenden kann. Hat sich das Silica-Gel in der

Ein kleiner Strauß mit einer in Silica-Gel präparierten Zinnie und anderen, nur ausgelegt ausgetrockneten Blütenteilen.

Farbe verändert, ist es also feuchtigkeitsgesättigt, so kann es reaktiviert werden. Das Granulat wird in einem Metallbehälter möglichst flach ausgebreitet. Im geschlossenen Backofen erhitzt, färbt es sich bei knapp über 100 °C wieder blau, das heißt das Wasser ist entwichen, und das Gel kann von neuem benutzt werden. Dieser Vorgang läßt sich beliebig oft wiederholen. Man darf keinesfalls versäumen, das Gel nach dem Trocknen rasch in die dafür bestimmten, gut verschließbaren Gefäße zurückzufüllen. Das muß geschehen, wenn das Gel noch heiß ist. Würde man warten, bis alles abkühlt, wäre es schon wieder fällig zum Reaktivieren, denn Silica nimmt sofort Feuchtigkeit aus der Luft bis zur Sättigung auf. Im Behälter kann das Gel dann abkühlen. Aber bis zur Wiederverwendung muß es erkaltet sein, denn die Pflanzenteile würden, in noch warmes oder heißes Silica eingebettet, sofort verbräunen.

Das Verfahren

Im Gegensatz zu anderen pulverförmigen Trocknungsmitteln, bei denen die Pflanzen zwar auch in verschließbaren Behältern eingelegt werden, muß das Silica-Gefäß mit den eingebetteten Pflanzenteilen so luftdicht verschlossen werden, wie es eben möglich ist. Das Gel darf von der umgebenden Luftfeuchtigkeit nichts oder nur ganz minimal viel aufnehmen. Borax, Sand und Waschpulver sättigen sich nicht aus der Luft, so wie dies Silica-Gel vermag, infolgedessen können diese Substanzen aber auch nicht in einem solch hohen Maß den Pflanzenteilen Feuchtigkeit entziehen.

Als Einlege-Gefäß nehmen wir Blech- und Plastikdosen oder auch gut verschließbare Kunststoff- und Glasbehälter. Von Kartons sollte Abstand genommen werden, sie sind nicht genügend luftdicht.

Zuerst wird eine niedrige Schicht Silica-Gel eingefüllt. Darauf steckt oder legt man, je nach Blütenform mit dem Gesicht nach oben oder unten, eine Reihe Blumen. Die Stellung spielt bei kompakten Blüten keine Rolle. Sobald aber eine Blume trichterförmig, mit Hohlräumen ausgestattet oder fein gefüllt ist, sollte ihr Gesicht nach oben zeigen, da alle Zwischenräume mit dem Trocknungsmittel ausgefüllt werden müssen. Hat man nun alle Blumen richtig plaziert, wird das Gel vorsichtig eingefüllt. Wichtig ist, daß in und um die Blüte überall das Granulat verteilt wird, das Ganze muß richtig eingeschlossen sein. Die einzelnen Pflanzenteile dürfen sich nicht gegenseitig berühren.

Nachdem die Blüten mit Silica-Gel bedeckt sind, kann eventuell noch eine zweite Lage Trocknungsmaterial aufgeschichtet werden. Das ist aber nur dann zu empfehlen, wenn die untere Lage aus sehr robusten Blumen besteht. Ist das Gefäß mit einer abschließenden Schicht Silica-Gel gefüllt, wird der

In Silica-Gel eingebettet trocknet alles Pflanzenmaterial sehr rasch. Wichtig bei dieser Methode ist der möglichst luftdicht abschließende Behälter.

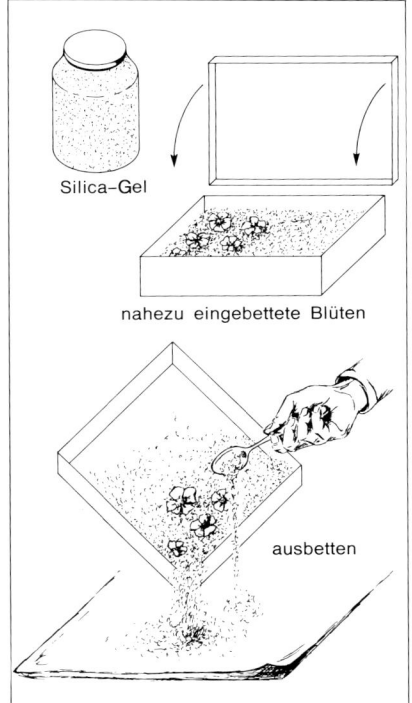

Deckel fest verschlossen. Es empfiehlt sich, bei nicht luftdicht schließenden Deckeln die Kanten zusätzlich mit einem Klebestreifen abzudichten. Das Gefäß kann warm gestellt werden, der Trocknungsprozeß schreitet dann noch schneller voran, beim Silica-Verfahren fällt dies aber nicht so stark wie bei den anderen Mitteln ins Gewicht.

Durch die hohe Adsorptionsfähigkeit des Mittels wird den Pflanzen sehr schnell Feuchtigkeit entzogen, bei kleineren und zarteren Blumen ist der Trocknungsvorgang vielleicht schon nach zwei Tagen abgeschlossen, bei größeren dauert es vier bis fünf Tage, bei großen und dicken bis zu zehn oder zwölf Tage. Die Substanz und der Wassergehalt einer Blume spielen die maßgebliche Rolle für die Dauer des Trocknungsvorgangs. So sind einzelne Blüten von Veilchen, Rittersporn, Stiefmütterchen schnell trocken, dicke gefüllte Dahlien können mitunter zwei Wochen brauchen, bis sie im Innern trocken sind.

Es schadet nicht, wenn man zwischendrin mal nachsieht, wie weit der ganze Prozeß schon fortgeschritten ist: Vorsichtig schiebt man dafür etwas Silica zur Seite und prüft die erstbeste Blüte. Wichtig ist, daß nicht nur die Spitzen, also die hervorstehenden oder aufliegenden Teile, sondern auch der Blütenboden vollständig durchtrocknet sind. Wenn sich die Blüten im Innern noch etwas weich anfühlen, wird das Gefäß wieder verschlossen, man muß dann halt noch zuwarten.

Beim Herausnehmen der Blüten müssen wir sehr vorsichtig zu Werke gehen. Alles ist knochentrocken, durch die geringste Unachtsamkeit wie Druck, Ziehen oder ein leichter Stoß reißt oder zerbricht etwas. Am besten versuchen wir, die oberste Schicht Silica-Gel abzutragen, um zur ersten Blüte zu gelangen. Wir ziehen dabei aber nicht das eingebettete Objekt heraus, sondern halten das Gefäß schräg, um das Gel ablaufen zu lassen. Das muß langsam geschehen, deshalb halte man das Gefäß flach, damit nicht das Silica-Gel mitsamt den Blumen ins Rutschen kommt. Dabei bricht leicht eine Blume ab, oder einzelne Blütenblätter lösen sich aus. Eine Hilfe ist es, die halbentblößten Blumen bei geöffnetem Deckel stehen zu lassen und abzuwarten, bis sie etwas von der umgebenden Luftfeuchtigkeit aufgenommen haben. Sie werden dadurch geschmeidiger, weicher und können ohne Schaden ausgebettet werden.

Mit einem kleinen Pinsel entfernt man die letzten Silica-Körnchen und legt die Blumen auf einem Stück Papier aus. Zum Schutz der Pflanzenteile hat sich ein sanftes Übersprühen mit Fixativ bewährt, aber Haarspray oder »Elefantenhaut« eignen sich gleichermaßen. Von Lack ist abzusehen, er ist viel zu dick für die Blüten, er glänzt, läuft streifig ab und verleiht den Pflanzenteilen ein unnatürliches Aussehen.

Das Pflanzenmaterial
Für das Trocknen in Silica-Gel eignen sich besonders größere Einzelblüten mit festerer Substanz. Ganze Blütenstände nehmen meistens zuviel Platz ein. Rundliche Blüten und solche in flächigen Formen geben gute Ergebnisse, schwieriger sind Blüten mit bizarrem Aufbau.

Aufbewahrung
Das abschließende Fixieren der Blumen ist nicht zwingend erforderlich, eine gewisse Aufnahmekapazität für die Luftfeuchtigkeit ist sowieso vorhanden und läßt sich nicht unterbinden. Wenn es sich nicht gerade um besonders dünne, empfindliche Blütenblätter handelt und um einen, was die Feuchtigkeit anbelangt, fragwürdigen Platz, halten diese Silica-Blumen nicht weniger lang als anderweitig getrocknete Blumen. Sie sind aber, was Form und Farbe anbelangt, viel besser im Sinne von naturgetreu konserviert. Lichtreiche, sonnige Plätze direkt am Fenster sollten aber als Aufstellungsorte vermieden werden: Licht und Sonne schädigen die Farben aller getrockneten Blumen.

Das Trocknungsgut kommt auf Seidenpapierlagen in kleine Kartons und wird absolut trocken aufbewahrt. Am besten eignen sich hierfür kleine Blechoder Kunststoffdosen, die sich gut schließen lassen und in die man zusätzlich etwas Silica-Gel, das man eventuell in ein kleines Gazesäckchen abfüllt, geben kann.

Wachs

Ein gutes Mittel, Blumen eine beschränkte Zeit lang zu konservieren, ist es, sie mit einer Schicht Wachs zu überziehen. Solchermaßen behandelte Pflanzenteile geben für leicht altmodisch angehauchte Blumenarbeiten die richtige Stimmung. Wachsblumen sind ohne Aufwand herzustellen, man muß keine Materialien beschaffen und keine bestimmten Blumen dafür einkaufen.

Im Hobby-Bedarf gibt es spezielles Wachs dafür zu kaufen, es wird in verschiedenen Farbtönen angeboten. Dieses Wachs ist keinesfalls erforderlich, außer man will intensiv gefärbte Blumen als Resultat haben. Gefärbtes Wachs wirkt in seinen Tönen später auf die Blüten unnatürlich, zudem trägt es relativ dick auf.

Um Blüten, Blätter und alles Pflanzliche durch die Wachsbehandlung nicht allzu sehr in die Richtung Kunstblume zu bringen, eignet sich einfaches Kerzenwachs am besten. Man braucht keine auserlesenen Kerzen oder Grundmaterial für andere Wachsarbei-

Ein Überzug mit Wachs konserviert Pflanzen für eine beschränkt lange Zeit.

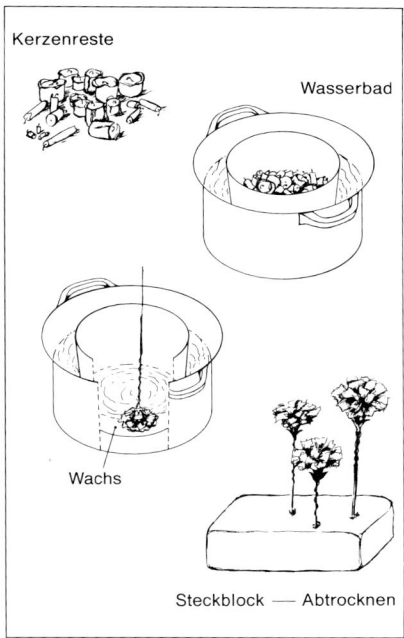

ten zu kaufen. Allerlei im Lauf der Zeit anfallende Kerzenstummel und Reste genügen vollauf. Die Kerzen können ganz weiß sein, einen Farbüberzug haben mit weißem Kern oder auch durchgefärbt sein, es kann alles gemischt genommen werden. Lediglich stark verschmutzte Kerzen müssen abgerieben und verrußte Dochte abgeschnitten werden. Den ganzen Docht aus der Kerze zu ziehen, bereitet zu viel Mühe. Beim Schmelzvorgang jedoch lassen sich die Dochte aus dem flüssigen Wachs herausfischen.

Das Verfahren
Die Kerzenreste läßt man nun in einem alten, nicht allzu großen Kochtopf im Wasserbad zergehen. Neben den verbliebenen Dochten oder Drähten müssen etwa noch vorhandene Verunreinigungen entfernt werden.

Die bereitgelegten Pflanzenteile brauchen nicht wie für das Trocknen in pulveriger Substanz von makelloser Schönheit zu sein. Im Gegenteil, es spielt keine Rolle, wenn Flecken vorhanden sind oder ähnliche Umstände vorliegen, die bei anderen Verfahren das Ergebnis beeinträchtigen. Die Blumen können sich auch in einem weit erblühten, sogar schon beinahe verblühtem Zustand befinden. Allerdings, auseinanderfallen dürfen sie nicht und auch nicht feucht oder gar naß sein. Es ist sinnvoll, die Stiele – falls es für später gewünscht wird – vor dem Tauchen in Wachs anzudrahten, nachher ist es kaum mehr möglich.

Das Wachs muß dünnflüssig geschmolzen sein. Dies ist wichtig, weil sich dann nicht zu viel flüssiges Wachs klumpig und zu dick auf die Blüten legt. Zu heißes Wachs schädigt jedoch empfindliche Blütenblätter; sie werden braun und schrumpeln. Um den besten Wachsschmelz-Zeitpunkt herauszufinden, machen wir, vor allem am Anfang, einige Proben.

Die erste Blüte wird vorsichtig ins Wachs getaucht, etwas hin und her gedreht und zum Abtropfen auf ein Stück Zeitungspapier gelegt. Dann folgt die nächste Blüte usw. Nun beginnen wir den Vorgang, zwei- bis dreimal zu wiederholen, je nach Blütenart. Für die feinblättrigen oder schon weit aufgeblühten Blumen muß das Eintauchen besonders umsichtig ausgeführt werden, die einzelnen Blütenblätter verkleben leicht fest miteinander. Es ist von Vorteil, mit einem Löffel oder einer kleinen Schöpfkelle etwas Wachs von oben auf und in die Blüte zu träufeln,

und sie erst anschließend mit dem Kopf nach unten in den Wachstopf zu tauchen.

Eingeschmolzene weiße Kerzen mit verschiedenfarbigen – auch dunklen – Oberflächen geben immer ein durchscheinendes Wachs, welches mehr oder weniger hell ist. Sehr viele dunkle, ganz durchgefärbte Kerzen bringen ein relativ dunkles Tauchwachs, was aber immer noch durchscheinend wirkt, im Gegensatz zum gefärbten Hobby-Wachs.

Die »natürliche Wachsfarbe« paßt zu allen Blüten. Bei hellen, weißlichen Blumen schimmert es verhalten perlmuttfarben, bei stärker gefärbten Blüten scheint die Eigenfarbe durch das Wachs hindurch.

Das Pflanzenmaterial

Dichte Blüten, sie dürfen kompakt sein, lassen sich recht gut erhalten. Aber besser als welche von rauher Konsistenz sind solche von mehr porzellanartiger Beschaffenheit, das kommt dem Wachseffekt entgegen: Ideale Werkstoffe sind Nelken und Rosen, knospig wie erblüht, außerdem Chrysanthemen, aber nicht die ganz kleinen pomponartigen und nicht die allzu großen. Die kleinen Pompon-Chrysanthemen sind nach dem Wachsbad nicht mehr recht zu erkennen; sie werden zu kleinen Wachshäufchen. Die großen Chrysanthemenblüten sind zu schwer; sie wirken zu unförmig mit all dem Wachs daran. Ranunkeln lassen sich gut in Wachs tauchen, ebenso wie Tulpen, abgefallene Kamelienblüten oder kleine Typen von Pfingstrosen. Die größeren Blumen sollten keinesfalls zu weit aufgeblüht sein, da die vielen langen Blütenblätter durch die Schwere des Wachses ihre Form nicht mehr halten können, sie knautschen und fallen zusammen.

Dem Wachscharakter nicht so gut entsprechen Sommerblumen wie Zinnien, Astern, kleine Sonnenblumen und andere, obwohl sie sich von der Beschaffenheit her gut eignen würden. Sie sehen in ihrer Gesamterscheinung

Fast wie aus Porzellan wirken die mit einem Wachsüberzug versehenen Blüten, Früchte und Blätter.

nach dem Wachsbad unbefriedigend aus. Es mag an den leuchtenden Sommerfarben liegen oder an ihren Texturen. Pompondahlien hingegen, vor allem die Sorten in Pastelltönen und die ganz dunklen, fast schwärzlichen, werden sehr hübsch.

Aufbewahrung
Nach der Prozedur läßt man die Blumen noch ein bißchen härten und kann sie dann, zwischen Zeitungspapier gelegt, trocken aufbewahren.

Gewachste Blumen und Blätter sind gut haltbar. Allerdings sind sie je nach Aufbewahrungsort – in etwa einem Jahr so brüchig geworden, daß sie durch unvorsichtiges Halten und Hantieren schnell brechen. Vom Zeitpunkt des Wachsüberzugs bis in den ersten drei, vier Monaten danach wirkt die eingeschlossene Pflanze noch in abnehmender Weise frisch. Sie trocknet dank der luftabschließenden Wachsschicht nur ganz langsam aus. Irgendwann ist sie dann trocken, auch leicht geschrumpft, und der Wachsüberzug bildet mehr oder weniger die Formhülse für die leicht reduzierte Masse darunter. Werden die gewachsten Blumen für Sträuße und Gestecke verwendet, können diese an einem festen Platz ohne mechanische Störung, Stöße oder größere Erschütterungen Jahre unbeschadet überstehen.

Glyzerin
Glyzerin wird in verschiedenen Reinheitsgraden angeboten. Zum Konservieren braucht es nicht das teuerste, chemisch reine zu sein. Glyzerin ist von öliger Beschaffenheit, sirupartig und wasserklar. Die sehr zähflüssige, wasseranziehende Substanz hat einen hohen Siedepunkt, deshalb läßt es sich, ohne Schaden zu nehmen, mit kochendem Wasser vermischen. Glyzerin wird aus Fetten hergestellt und findet Verwendung bei der Produktion von Salben, Frostschutzmitteln und allgemein im chemisch-technischen Bereich.

Der Konservierungseffekt beruht darauf, daß das Glyzerin den Zellsaft der Pflanze ersetzt, verdunstetes Wasser wird durch eine Glyzerin-Lösung ergänzt. Glyzerin verdunstet viel langsamer als Wasser, deshalb hält sich das so konservierte Pflanzenteil über lange Zeit, je nach Aufstellungsort sogar über Jahre.

Das Verfahren
Damit die abgeschnittene Pflanze Glyzerin aufnehmen kann, das wesentlich dickflüssiger als Wasser ist, wird die Substanz verdünnt, und zwar im Verhältnis ein Teil Glyzerin zu zwei Teilen Wasser. Das Wasser wird bis zum Kochen erhitzt und dann mit dem Glyzerin vermischt (gut umrühren). Es ist nicht ratsam, die Stiele in die heiße Lösung zu stellen, die Flüssigkeit sollte erkalten oder zumindest abkühlen, bis die Temperatur etwa gut handwarm ist. Die Lösung ist schwerflüssiger als Wasser, das heißt viele Pflanzen nehmen sie nur unter Schwierigkeiten auf. Deshalb muß das Konservierungsgut richtig ausgewählt und für die Aufnahme der Mischung vorbereitet sein.

Zweige, Blätter und Blumen müssen frisch geschnitten (nicht gelagert!) sein

Für das Einstellen in Glyzerin ist eine möglichst große Schnittfläche wichtig, damit die Lösung ungehindert in die Gefäße eindringen kann. Alle überflüssigen Pflanzenteile werden vor dem Einstellen entfernt.

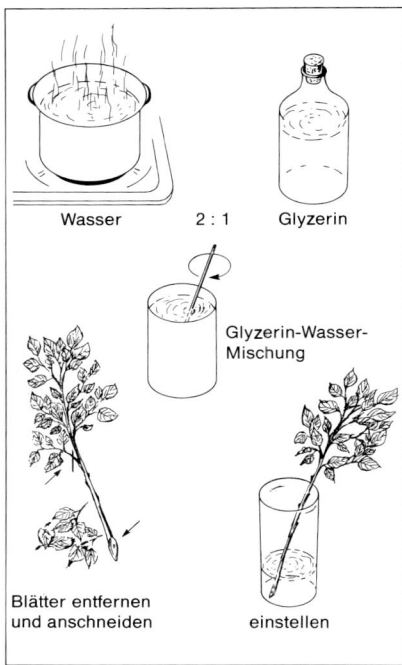

Sorgfältig muß darauf geachtet werden, daß die Schnittfläche so groß wie möglich ist, damit großflächig und viel von der Flüssigkeit aufgesogen wird. Bei holzigen Zweigen wird oft empfohlen, sie am unteren Stielende aufzuklopfen. Dabei ist schnell des Guten zuviel getan, der Stengel zerfasert und zerquetscht, es entstehen Verunreinigungen mit toten Zellteilen, die dann zusätzlich die Leitungsbahnen verstopfen. Günstiger ist es, einen scharfen, langgezogenen Schrägschnitt zu machen und dann das Ende der Länge nach aufzuspalten. Zusätzlich kann noch ringsum die Rinde abgelöst werden, die selbst ja keine Flüssigkeit aufnehmen kann.

Bevor die Stiele in die Lösung eingestellt werden, kann man sie noch einmal kurz betrachten, um sich die Wuchsform, die Blattmenge anzusehen. Alles Überflüssige, zum Beispiel zu dicht stehende Blätter, zu weiche Spitzen, schneidet man dabei weg und erleichtert somit für die übrigbleibende Pflanzensubstanz die Glyzerin-Aufnahme.

Wie tief die Stiele nun in der Lösung stehen sollen, hängt von ihrer jeweiligen Länge und auch vom gesamten Volumen ab. Je nach Länge und Größe der Pflanzenteile kann die Einstelltiefe von 10 bis 25 (30) cm reichen. Wir müssen dabei bedenken, wie mühevoll die Aufnahme für die Pflanze ist, die gewöhnlich eine wesentlich dünnflüssigere Lösung zur Verfügung hat.

Blätter dürfen nicht ins Glyzerin hängen, sie schimmeln sonst rasch. Das Einstellgefäß muß keine große Weite haben. Es brauchen also keine breiten

und dürfen nicht zuvor noch in Wasser gestellt werden. Es gibt dabei Ausnahmen: Importpflanzen, die lange unterwegs waren und schon leicht angetrocknet ankommen, oder sonstwie angewelkte Zweige und Blüten. Diese würden das Glyzerin-Wasser-Gemisch nicht schnell genug in den Leitungsbahnen transportieren können, um den eingesetzten Welkevorgang aufzuheben. Die oberen Spitzen wären nicht ausreichend versorgt, sie würden weiterwelken, schrumpfen und unansehnlich werden. In solchen Ausnahmefällen ist es besser, die Pflanzen zuerst in Wasser zu stellen und damit zu sättigen, aber nicht übermäßig lange. Die Pflanzen stehen gerade nur so lange im Wasser, bis sie nicht mehr schlapp aussehen. Die Pflanzenteile dürfen außerdem nicht regennaß sein.

Einzelne, ganz in Glyzerin gelegene Blätter sind gut zum Kombinieren mit haltbaren Früchten wie zum Beispiel Granatäpfeln.

Töpfe oder Eimer zu sein, für die bei einer gewissen Einstellhöhe eine beträchtliche Menge Glyzerin benötigt würde.

Der Aufstellort für das Gefäß ist von einigem Belang für das Resultat. Die Substanz, sprich das Laub der eingestellten Pflanzen, muß ja weiter assimilieren und verdunsten, dadurch wird die Flüssigkeitsaufnahme erst möglich. Der Platz soll deshalb hell (bei Dunkelheit findet keine Assimilation statt), aber keinesfalls sonnig sein; dies würde den Stoffwechsel zu sehr strapazieren. Ebensowenig darf der Ort warm sein, das würde denselben Streß bedeuten.

Der gesamte Aufnahme-Vorgang dauert zwischen zwei und drei Wochen. Dies kann allerdings nur als ungefähre Zeitangabe für die meisten Pflanzen gelten. Optisch kann man das Ende der Glyzerin-Behandlung an der gleichmäßigen Braunfärbung der Blätter und am Austritt von kleinen Glyzerinlösungs-Tröpfchen an den Blattflächen erkennen. Wenn es so weit ist, werden die Stiele aus der Lösung genommen und für ein paar Tage in ein leeres Einstellgefäß gestellt, damit überschüssige Flüssigkeit abtropft und die Oberflächen trocknen. Darin können die Stiele, wenn es die Platzver-

hältnisse erlauben, auch verbleiben, bis sie gebraucht werden.

Das Pflanzenmaterial

Vieles läßt sich in Glyzerin präparieren, es muß dabei aber einiges bedacht werden, wenn die Methode erfolgreich sein soll. In der Regel bringen alle Laubzweige mit hartem Laub, fruchtende Zweige, Laubwerk von Stauden und einzelne Blätter die besten Ergebnisse. Glyzerin ist nicht so sehr ein Konservierungsmittel für Blumen und Blütenstände, obwohl einiges davon ganz gut werden kann. Hier heißt es ebenso wie in vielen anderen Fällen, ausprobieren und eigene Erfahrungen sammeln. Blütenstände, die nicht weich und mit kleinformatigen Blümchen ausgestattet sind, konservieren ziemlich akzeptabel. Alle Blüten und Blätter verlieren bei der Behandlung ihre Farben. Sie wechseln von hellem Beige über Ocker bis zu dunkelbraunen und goldenen Tönen. Diese Brauntöne wirken nicht einheitlich, sondern lebhaft in vielen Nuancen und Abstufungen. Bei Blüten, vor allem den weißen, gibt es einen cremefarbenen Schimmer. Manche Blüte läßt auch ein bißchen von ihrer früheren Farbe ahnen. So blitzt zum Beispiel bei Veronika ein wenig Blau zwischen dem Braun hervor, was sehr hübsch aussieht.

Jedes Pflanzenteil muß gut ausgereift sein, und es sollten prinzipiell nur solche Arten genommen werden, die von Natur aus harte und robuste Blätter haben. Die günstigsten Erntetermine sind die Monate August bis September.

Aufbewahrung
Sollen die Pflanzen gelagert werden, so können sie in kleinen Mengen in Zeitungs-, Seidenpapier eingeschlagen werden, um dann in höheren Einstellgefäßen zu verbleiben, oder sie kommen einzeln flachgelegt zwischen Zeitungspapierlagen in Kartons.

Wichtig, gleich für welche Aufbewahrungsart, ist das vorherige Austropfen und Antrocknen. Wird dies unterlassen, bildet sich rasch Schimmel aus, der im übrigen auch bei zu feuchter und zugleich kalter Lagerung auftritt. Der Platz muß trocken und kühl sein – trocken als Schutz vor Schimmelbildung, kühl, um langsames Ausdörren zu verhindern.

Eine einmal angesetzte Glyzerin-Flüssigkeit kann mehrmals benutzt werden, sie läßt sich sogar über einen längeren Zeitraum hinweg aufbewahren. Vorher aber müssen Blattreste und ähnliche Verunreinigungen aus der Flüssigkeit entfernt werden, weil sonst Fäulnis auftritt. Die ältere Lösung reagiert nicht mehr so aktiv wie frisch angesetzte, es lassen sich in ihr auf alle Fälle aber robustere Sachen konservieren. Oder sie eignet sich sehr gut dazu,

Blätter und andere Kleinteile zu konservieren, indem man sie ganz in die Lösung legt.

Die Schönheit des Vergehens

Wachsende und blühende Pflanzen werden von den meisten Menschen als schön empfunden. Wenn jemand keine Blumensträuße mag, liebt er vielleicht Bäume, und jemandem, der Topfpflanzen am Fensterbrett scheußlich findet, gefällt dagegen die Vegetation einer Berg- oder Wiesenlandschaft. Die Pflanze befriedigt in vielerlei Gestalt und Erscheinungsform ein ästhetisches Bedürfnis.

Durch Trocknen und Präparieren wird auf allen möglichen Wegen und durch allerlei Tricks versucht, einen Teil der Pflanzenschönheit zu erhalten, selbst wenn die Blume eigentlich schon tot ist. Und es läßt sich den konservierten Blüten, Blättchen, Zweigen und Früchten eine gewisse, wenn auch etwas gedämpfte Schönheit nicht absprechen. Sie besitzen den Charme der Vergänglichkeit. Obwohl sie nun dauerhaft erhalten sind, zeigen sie diese Vergänglichkeit viel deutlicher als eine frische Blume.

Die getrockneten Pflanzen haben oftmals ein erstaunlich langes Leben, sie können Jahre und Jahrzehnte halten. Die Farbe verblaßt zwar oder verschwindet ganz, aber die Substanz der Pflanze ist immer noch präsent. Was liegt näher, als beim Anblick einer solchen Blume zu sagen:»Wie lang ist es

Ein Gesteck mit frischen und schon trocknenden Pflanzen vermittelt jeden Tag einen anderen Aspekt von Welken und Vergehen.

schon her, daß sie gepflückt, gepreßt wurde?« Sie macht uns, obwohl selbst kaum vergänglich, die Vergangenheit bewußt.

Einen ganz anderen Aspekt von Vergehen und Dauern bringt der Vorgang des Welkens, Vertrocknens und Trocknens selbst. Obwohl das Resultat des Vorgangs nicht das Hauptziel ist, anders als beim bewußten und planmäßigen Konservieren, lohnt es, sich genauer damit zu befassen. Pflanzen produzieren keinen Abfall (es sei denn, sie verwerten ihn gleich wieder selbst ohne schädliche Hinterlassenschaft), und sie sind dabei in keinem Stadium häßlich. Die verschiedenen Entwicklungsstadien der Pflanzen kann man sich zur Bestätigung des Gesagten einmal am Beispiel einer einjährigen Sommerblume vor Augen führen. Schon allein die Samen sind, was die Formen und Farben angeht, variabel in der Funktion und reizvoll in ihrer Ausbildung.

Der Keimling mit den beiden Keimblättern ist immer ein kleines Wunder. Wie soll aus einem so kleinen Samen die Keimpflanze entstehen, die alsbald die ersten Laubblätter ausbildet? Eine junge, sich entwickelnde Pflanze läßt ständig Neues entdecken: mehr Laubblätter, Seitentriebe, die ersten Knospenansätze, die zunächst noch von Kelchblättern versteckt, sprich umschlossen sind, dann auf einmal zeigt sich die erste Blüte. Egal ob klein oder groß, bescheiden oder auffallend, sie öffnet sich immer überraschend, unerwartet. Nun kommt eine Folge mehrerer Blüten, deren Blütenblätter dann abfallen. Später bilden sich die Fruchtansätze, der Fruchtstand reift heran. Das prächtige Leuchten ist dahin, die Fruchtbildung bringt eigene Formen und Farben hervor, die eine nähere Betrachtung verdienen. Es folgt die Fruchtreife. In dem noch weichen Fruchtstand werden auf einmal harte Samen in Schwarz, Braun, in rötlichen oder weißlichen Tönen gebildet. Die Fruchthülle ist vielgestaltig, hart oder weich, zurückhaltend oder stark und auffallend gefärbt. Hat sich die Frucht durch verschiedene Mechanismen selbst verbreitet oder ist sie passiv verbreitet worden, erlischt die Funktion der Pflanze. Sie bleibt als Gerüst noch eine Weile stehen, bis dieses im Lauf des Winters langsam zerfällt und dann auf oder in der Erde nach und nach zersetzt wird.

Die Stauden, also die mehrjährigen Pflanzen, sterben ebenfalls mit ihren oberirdischen Teilen ab, ihre organi-

Die in Silica-Gel getrocknete Sonnenblume (rechts) besitzt nicht die fröhliche Ausstrahlung der frischen Blüte (links), sie wirkt gedämpfter in den Farben, spröder in der Form, aber nicht minder schön.

sche Substanz wird mit den Abbauprodukten genau wie die einjährigen Pflanzen wieder dem Erdreich zugeführt. Der Wurzelstock unter der Erde überwintert mit seinen auf vielfältige Weise dafür eingerichteten Organen. Wenn nach dem ersten Frost abgestorbene Blätter und Stengel flach auf dem Boden liegen, sich zersetzen, lassen die Abbauprozesse immer noch Restbestände übrig: die Strünke, Blattrippen und Stengel erscheinen kanneliert, filigran zubereitet, ehe der Winter diese übrigen Teile umwandelt in Materie, die wieder zum Leben notwendig ist.

Abgeschnittene Blumen, Gräser und Fruchtstände machen, ein bißchen anders zwar als in der Natur, auch einen Prozeß des Vergehens durch. Das Verwelken, Verblühen bis hin zum gänzlichen Eintrocknen kann sehr reizvolle Aspekte haben. Es stimmt ein bißchen mit dem »In-Wasser-Trocknen« (siehe Seite 51) überein, nur daß dort ganz bestimmte dafür gut geeignete Pflanzen ausgewählt werden, bei denen es nicht um den Vorgang, sondern um ein optimales Ergebnis geht. Während für das Trocknungsverfahren eine geringfügige Wassermenge für das Einstellgefäß empfohlen wird, kann für das reine Beobachten die Vase normal gefüllt sein, aber die Stiele dürfen auch gleich von Anfang ganz ohne Wasser aufgestellt werden. Für einen Strauß oder ein anderes Gebinde sollten möglichst viele Pflanzen ausgewählt werden, auch ist darauf zu achten, daß unterschiedliche Formen zusammen kommen. Und es darf natürlich nicht traurig stimmen, wenn das frische Material langsam in trockene Substanz übergeht. Dabei kann man Welkestadien beobachten, die Stilleben gleichen. Die Veränderung der verschiedenen Pflanzengestalten übt sicherlich auf den Betrachter eine unterschiedliche Wirkung aus, und wir sollten, bevor wir eine größere Arbeit in Angriff nehmen, lieber einiges ausprobieren. Ein großer Teil von Stengeln wird aufrecht stehen bleiben, ein anderer sich neigen. Das mag einen leichten Schwung ergeben, oder der Stengel läßt den Kopf hängen, vielleicht neigt sich mancher bis zum flachen Aufliegen. Dieselben Pflanzen und Blumen reagieren oft nicht gleich, und wenn einmal eine Art wunderschön eintrocknet, muß das nicht immer so sein. Es hängt vom Entwicklungsstadium der Blüte ab, von der Raumtemperatur, auch von der Sorte. Rose ist bekanntlich nicht gleich Rose.

Gute Ergebnisse sind im Herbst zu erreichen, wenn alles Habhafte miteinander vermischt wird – harte, noch grüne Spätsommergräser, allerlei Gezweig, an dem die letzten Blätter fest hängen bleiben, noch in leuchtender Herbstfarbe durchscheinende Blüten, allerlei kleines Gerank und frischgrüne Blättchen dazwischen. Beinahe jeder Tag macht etwas anderes aus der Zusammenstellung. Anfänglich bewußt nach Form und Farbkombination ausgewählt, hängen und krümmen sich schon nach ein, zwei Tagen die Spitzen der empfindlicheren Blätter und trocknen grau-grün ein, später folgt das Gras, das gelb, dann braun wird. Die ersten Blütenblätter schrumpfen, manche fallen ab und bleiben als kleine bunte Tupferchen zwischen all dem hängen. So nach und nach wird alles immer trockener, aber kleine leuchtende Farbflecken spitzen daraus noch hervor; denn die letzten Knospen haben sich noch geöffnet. Diese letzten Blüten schließen sich dann mit matter gewordenen Farben den vorherrschenden Tönen von Grün, Gelb, Braun und Gold an.

Ein Strauß dieser Art kann gebunden eingestellt werden, dann läßt sich das Wasser besser ab und zu austauschen. Der Vorgang des Vergehens bringt es eben mit sich, daß auch die im Wasser stehenden Stiele nicht frisch bleiben. Um Fäulnis und schlechten Geruch zu vermeiden, wird das Gefäß nicht so hoch angefüllt; wenn kein frisches Grün mehr erscheint, wird auf das Wasser ganz verzichtet.

Wurden dagegen alle Bestandteile des Straußes oder Gesteckes lose eingestellt, so hat man die Möglichkeit, ab und zu eine Stellung zu korrigieren und Neues zu dem schon Halbtrockenen hinzuzufügen. So läßt sich sehen, wie dieses und jenes reagiert, oder ob eine Farbe sich verändert. Bei Bedarf wird ergänzt. Obwohl das Wasser wegen der vielen einzelnen Stiele schwieriger zu wechseln ist, sollte man darauf achten, daß es nicht schlecht zu riechen beginnt. Ein Tropfen Haushaltsreiniger, ins Vasenwasser gegeben, kann helfen, noch besser eignet sich etwas Ähnliches wie das in Frankreich für viele Zwecke gebräuchliche Eau de Javelle (eine Chlorkalk-Soda-Lösung).

Interessante Variationen zum Thema lassen sich finden, wenn wir es übers Herz bringen, gänzlich ohne Wasser einzustellen. Der beste Zeitpunkt dafür ist der Herbst und Winter, wenn wir solche Pflanzen verwenden, die von Natur aus schon zaghaft trocken werden. Es ergeben sich füllige, naturhafte Zusammensetzungen für Töpfe, Schalen, Vasen, Körbe und Sträuße, die auf ihren schön gleichmäßig geschnittenen, dicht gehaltenen Stielen ohne Gefäß stehen können. Wenn man mag, lassen sich in diese Arbeiten später immer noch einzelne Stengel hinzufügen, und dann, wenn wirklich alles trocken ist, kann man aus der »Wunderkiste« der präparierten Schätze noch ein bißchen Rot oder etwas Blau in Form konservierter Blütchen hervorholen und ins Gebinde einhängen.

Neben dem Herbst und Winter als Hoch-Zeit für welkende Sträuße bietet der Hochsommer die Möglichkeit, diese unkonventionelle Blumenbinderei und Trocknungspraxis auszuprobie-

Getrocknete Blüten können sich in einer Schale einfinden. Mit Gewürzen wie Zimt und Nelken veredelt, entsteht ein kleines Stilleben.

ren. Besonders an sehr warmen Tagen kann man es versuchen. Einen kleinen gewundenen Kranz aus verschiedenen Wiesen- und Gartenblumen oder Blüten aus dem Unterglas-Anbau, was eben gerade erreichbar ist, legt man zum Eintrocknen als Tischschmuck auf ein Tablett, oder man hängt ihn einfach an die Wand. Die Stiele dürfen nicht naß, erdig oder anderweitig verunreinigt sein, damit es keine Feuchtigkeits- oder Schmutzflecken gibt. Wer ängstlich ist, kann den Kranz, bis er soweit trocken ist, an eine unempfindliche Wand hängen und zusehen, wie er langsam eintrocknet und dabei Form und erstaunlicherweise sogar die Farbe und manchmal auch den Duft behält. Ein solcher Kranz kann ein halbes oder ganzes Jahr lang gut aussehen.

Eine andere Möglichkeit, Trocknungsprozesse nachzuvollziehen, bieten abgebrochene Blüten, die ja immer wieder mal anfallen. Sie werden einfach auf einen schönen Keramik- oder Porzellanteller, in eine Glasschale gelegt. Immer, wenn etwas abfällt oder abbricht, fügen wir es hinzu. Natürlich häufen wir die Teile nicht so sehr an, daß keine Einzelform mehr zu erkennen ist. (Im übrigen faulen die Blumen, wenn sie aufeinander liegen.) Doch ein einzelnes Blatt kann zur Blüte hinzukommen, und im Farbzusammenklang mit dem Gefäß ergeben sich reizvolle Stilleben. Wenn die Blumen trocken sind, kann das eine oder andere Gewürz beigemischt werden, vielleicht ein paar Nelken, ganz oder gemahlen, etwas Zimt ...

Floristische Arbeiten aus Trockenblumen

Ein Wort zur Haltbarkeit getrockneter Materialien

Die Haltbarkeit der präparierten, konservierten, getrockneten Pflanzen ist nicht gleichbedeutend mit uneingeschränkter Dauerhaftigkeit. Die verschiedenen Maßnahmen eignen sich nicht für alles und versprechen nicht für jede Pflanze den gleichen guten Erfolg. Die große Anzahl unterschiedlichst beschaffener Blumen, Blätter und Zweige erfordern aufgrund ihrer jeweiligen Ausprägung, Reaktion und Empfindlichkeit ein differenziertes Vorgehen. Ebenso lassen sich die Trocknungsergebnisse nicht für jede floristische Arbeit gleich gut verwenden. Es läßt sich nicht streng vorhersagen, welches getrocknete Material nun für welchen Bestimmungszweck am besten genommen wird. Das Konservierungsgut muß selbst Hinweise auf seine Eignung geben.

Alle einfach, ohne Hilfsmittel getrockneten Pflanzenteile können wir, da sie noch ziemlich viel von ihrer ursprünglichen Dreidimensionalität besitzen, für alles nehmen, das ebenfalls räumlich gesehen wird. Das sind Sträuße, Gestecke in Schalen und Körben, Buschen, Kränze, Girlanden und vieles andere mehr. Lose ausgelegte kleine Blütchen und Blättchen, besonders duftende Materialien, sind für Potpourris ideal: Sie ergeben auch hübsche kleine Sträußchen, sofern Oberfläche und Umriß relativ dicht gehalten sind.

Gepreßte Pflanzen werden für alle flächigen Arbeiten notwendig. Beispiele dafür sind Bilder, offene und geschlossene Rahmen, Kästen, Unterglasarbeiten. Eine einzelne gepreßte Blüte, aufgeklebt oder auf einen kleinen Stiel montiert, kann einem Arrangement einen ganz besonderen Pfiff geben.

Je empfindlicher und »kostbarer« einzelne Blumen, Blätter und Zweige in der Beschaffung und Konservierung waren, desto genauer wird man überlegen, wo und in welchem Umfang man sie einsetzen möchte.

Ein bunter Kranz aus Blumen, die in Silica-Gel konserviert wurden, ist wunderschön, aber sehr aufwendig. Ein schöner Kranz kann ebensogut aus normal getrockneten Blüten bestehen, dem zusätzlich einige Silica-Blumen eingefügt wurden, die an exponierter Stelle für Wirkung sorgen.

Im übrigen müssen wir überlegen, wo wir die fertige Arbeit aufstellen oder anbringen wollen, denn das spielt bei der Auswahl der Konservierungs-Methode immer eine gewisse Rolle. So sind die Silica-Blumen sehr empfindlich gegen hohe Luftfeuchtigkeit, in Glyzerin konserviertes Material dagegen weniger. Als lichtempfindlich erweisen sich im Grunde alle Trockenblumen, aber es ist doch ein Unterschied, ob am Fenster ein Strauß robuster, einfach getrockneter Fruchtstände und Spätsommerblumen steht oder ein Gebilde, in welches in Silica-Gel getrocknete zarte Malvenblüten eingefügt sind. Wachsblumen sind einzelne Schmuckelemente. Es genügt, sie in eine kleine Schale oder ein Glas zu legen. Darüber hinaus sehen sie sehr hübsch in Verbindung mit anderen

Trockenblumen aus. Der perlmuttartige Schimmer wirkt besonders romantisch und attraktiv.

In Glyzerin konservierte Zweige nehmen wir für großformatigen Raumschmuck, alleine oder in Verbindung mit anderen Trockenblumen. Schön sieht ein einziger skurril gewachsener und mit Glyzerin behandelter Laubzweig in einem Gefäß aus.

Die in pulveriger Substanz wie etwa Waschpulver oder Borax konservierten Blumen und Blätter sind wie Silica-Blumen zu verwenden: für Kränzchen, Sträußchen und Gestecke verschiedenster Art, für Tisch- und Wandschmuck. Und jeweils einige besonders schön gewordene Exemplare dienen als besonderes i-Tüpfelchen in vielen Arbeiten aus Trockenblumen.

Was es bei Pflanzenzusammenstellungen zu bedenken gilt

Ästhetische Gesichtspunkte

Beim Kombinieren von Pflanzenteilen, die auf unterschiedliche Weise präpariert werden, gibt es ein paar Einschränkungen, die zum einen ästhetischer, zum anderen praktischer Natur sind. Harmonisch wirken Verbindungen charaktermäßig sich entsprechender Blumen und anderer Pflanzenteile. Diese charaktermäßige Entsprechung kann sich auf die Beschaffenheit oder auf die Herkunft und die Lebensbereiche beziehen. Somit läßt sich die Auswahl nicht genau abgrenzen, geschweige denn akribisch handhaben. Bei manchen Pflanzen kann man oft auf Anhieb gar nicht sagen, woher sie kommen und mit welchen anderen sie vom Ursprung her zusammenwachsen. Ein besonderes Wissen darüber kann man sich im Lauf der Zeit aneignen, aber es reicht völlig aus, nach und nach eigene Vorlieben und ein gewisses Gespür dafür zu entwickeln.

Wenn wir an die Fruchtstände von einjährigen Blumen und Stauden des Bauerngartens oder des Feldrains denken und diese mit den unterschiedlichsten, oft ausdrucksstarken exotischen Pflanzen kombinieren, erscheint uns ein solches Zusammenspiel unbefriedigend. Der Betrachter kann vielleicht nicht einmal sagen weshalb. Aber in einer derartigen Werkstoffauswahl ist zu wenig auf die persönliche Wirkung und die Ausstrahlung der einzelnen Pflanzen geachtet worden. Sie steigern sich nicht in ihrer Wirkung, sondern ihre Charaktere hemmen sich gegenseitig.

Eine einzelne *Protea* mit einigen einheimischen Gräsern wirkt dagegen aus grafischer und formaler Sicht interessant; die einzelnen Teile stehlen sich nicht die Schau, sondern ergänzen sich harmonisch. Die Übergänge zwischen Kombinierbarem und Nicht-mehr-Erträglichem sind, wie in vielen Bereichen, fließend. Es muß im wesentlichen der Eindruck entstehen, daß die Pflanzen aus demselben Vegetationsbereich stammen *könnten*. Wenn wir uns einmal den Staudengarten oder die Fensterbank mit all den Töpfen darauf ansehen und uns die Mühe machen

Ein mit frischen Olivenzweigen gebundener Kranz trocknet langsam ein und behält für Monate Farbe und Charakter.

würden, die Herkunft der einzelnen Pflanzen herauszufinden, stellten wir sicher Erstaunliches fest: Im Staudengarten finden sich Blumen aus allen Regionen vom Himalaya bis nach Kalifornien, vom japanischen Gebirge zum Mittelmeer, vom mitteleuropäischen Wald bis Nordamerika und Alaska, von Sibirien bis Nordafrika. Dazu kommen die vielen Kreuzungen, Züchtungen und Auslesen, die sich oft weit vom Habitus der Wildart entfernt haben. Bei den Topfpflanzen geht es ähnlich vielfältig zu.

Da die Möglichkeit, Pflanzen zu trocknen oder allgemein zu konservieren, das ganze Jahr über besteht (mit einem Höhepunkt im Sommer und Spätsommer), können theoretisch Pflanzen aus allen vier Jahreszeiten miteinander verknüpft werden. Das ist keinesfalls abzulehnen, strenges Aufteilen und Trennen muß nicht sein. Wir sollten nur überlegen, wann was und wie ästhetisch befriedigt, und hier, wie in allen anderen Zusammenhängen auch, wird sich das Gespür und der Blick dafür nach und nach einstellen.

Ein dicker Strauß oder Kranz aus einer Vielfalt von Blüten kann alle Jahreszeiten in sich vereinen, ohne daß es seltsam anmutet. Dann mag die getrocknete Tulpe wohlgeordnet neben der Pompondahlie und dem Frauenmantel sitzen. So ein Gebinde erinnert ein bißchen an die Blumenmalerei früherer Zeiten, bei der die Sträuße auf der Grundlage von Naturstudien, die im Lauf des Jahres entstanden, auf der Leinwand zusammengefügt wurden.

Das kleine Veilchensträußchen wird man andererseits nicht mit einer Zinnien- oder einer Dahlienblüte kombinieren, denn es würde kein harmonischer Eindruck entstehen, weder im Hinblick auf einen hübschen Farbkontrast noch in bezug auf schöne Größenverhältnisse. Einem Gleichklang steht die unterschiedliche charakterliche Ausprägung der Blüten im Wege, obwohl die Blumen durch das Präparieren stumpfer geworden sind. Störend wäre auch die so unterschiedliche Blühsaison, verbunden mit dem starken symbolischen Charakter der kleinen ersten Veilchen.

Der Symbolgehalt hebt eine Blume über ihre sonstige Festlegung, Definition und Einordnung hinaus. In einer weihnachtlichen Winterlandschafts-Zusammenstellung, bescheiden von den Farben her und sehr naturhaft vom Charakter, können durchaus rote (Silica-)Rosen eingefügt werden. Aber

Auf verschiedene Art und Weise getrocknete Pflanzen kann man kombinieren, wenn man einige wichtige Grundregeln beachtet.

eine getrocknete gelbe Narzisse oder eine gewachste Ranunkel treten wegen ihrer anderen Ausstrahlung und dem fehlenden Symbolbezug nicht in Übereinstimmung mit der Arbeit.

Auf verschiedene Weise konservierte Pflanzen lassen sich kombinieren

Neben den oben ausgeführten ästhetischen Überlegungen gibt es noch ganz handfeste Gründe von weitaus praktischerer Natur, um Kombinationen zu befürworten oder zu verwerfen, wie wir im folgenden sehen. Nicht alle Blumen lassen sich nach dem Konservieren, wenn man von den dabei entstandenen Eigenschaften ausgeht, wahllos miteinander vereinigen. Prinzipiell können wir die ohne Hilfsmittel getrockneten Pflanzenteile problemlos unter- und miteinander mischen, auch mit solchen, die auf eine andere Weise präpariert worden sind. Wenn die getrockneten Pflanzen eine stabile Substanz aufweisen, lassen sie sich sogar gut mit frischen Blumen und Zweigen verarbeiten, es ergeben sich dadurch besonders im Herbst und Winter schöne, wirkungsvolle Aspekte.

Bei gepreßten Blumen wird es schon ein bißchen schwieriger. Sehr zarte Blüten können wir nur flächig verarbeiten, obwohl es reizvoll aussieht, sie zwischen anderes Trockenmaterial, vorsichtig aufgeklebt, einzufügen. Aber allzu leicht sind gepreßte Blüten eingerissen oder verletzt, und da sie empfindlicher als viele andere sind, verblassen sie schneller und werden unansehnlich.

In Wachs getauchte Blumen können mit allen möglichen Pflanzenteilen, die auf unterschiedlichste Konservierungsweise entstanden sind, kombiniert werden. Wachsblumen stellen am besten nur die kleinste Menge des für eine Arbeit verwendeten Pflanzenmaterials. Besteht der gesamte oder der überwiegende Anteil der Blumen aus Wachs, sieht das Ganze leicht ein bißchen erstarrt aus.

Silica-Blumen müssen bedachtsam eingefügt werden, nicht aus Gründen der Harmonie, nicht daß sie wegen ihrer speziellen Wirkung nicht passen würden, sondern weil sie am empfindlichsten auf das umgebende Licht, die Luftfeuchtigkeit, auf Berührung, Stoß

Kombinationsmöglichkeiten von Pflanzenteilen, die auf verschiedene Weise konserviert wurden

	ohne Hilfsmittel	Presse	Bügeleisen	Backofen	Sand	Waschpulver	Borax	Gummi arabicum	Gummi arabicum + Zucker	Silica-Gel	Wachsüberzug	Glyzerin
ohne Hilfsmittel	X	X	X	X	X	X	X	X	X	X	X	X
Presse	X	X		X		X				X	X	X
Bügeleisen	X		X									
Backofen	X			X		X		X	X	X	X	X
Sand	X	X			X	X		X		X	X	X
Waschpulver	X			X	X	X	X	X			X	X
Borax	X	X				X	X	X		X	X	X
Gummi arabicum	X	X		X	X	X	X	X	X	X	X	X
Gummi arabicum + Zucker	X	X		X				X	X			
Silica-Gel	X	X		X	X		X	X		X	X	X
Wachsüberzug	X	X		X	X	X	X	X		X	X	X
Glyzerin	X				X	X	X	X	X	X	X	X

Stumpfer und matter wirken die Farben konservierter Pflanzen. Doch es ergeben sich unzählige Farbnuancen in sanften, harmonischen Abstufungen.

oder Druck reagieren. Zu überlegen ist auch, ob sie in die Nähe von mit Glyzerin behandelten Blumen kommen sollen. Die Kombination des Glyzerin-Werkstoffes mit den in Silica-Gel getrockneten Blumen sieht zwar schön aus, aber die Haltbarkeit wird nicht nur durch die, wenn auch geringe, relative Luftfeuchtigkeit in geheizten Räumen beschränkt, sondern die Feuchtigkeit, die noch im Glyzerin-Material steckt, beschränkt die Lebensdauer ebenfalls. Wollen wir vielleicht doch eine solche Arbeit riskieren, achten wir auf die Raumtemperatur und darauf, um welche Blumen es sich handelt. Es ist ein Unterschied, ob fragile Malvenblütchen oder eine robuste Zinnie ausgewählt wurden.

Glyzerin-Materialien wiederum lassen sich sehr gut zu allerlei auf ganz normalem Weg getrockneten Gräsern, Frucht-, Blütenständen und Zweigen kombinieren. Selbst mit frischen Blumen können in Glyzerin verarbeitete Pflanzen schön aussehen. Allerdings muß man dann ab und zu den Verlust eines konservierten Teils mit einkalkulieren. Wenn die Sachen zu lange im Vasenwasser stehen, werden sie nach und nach schimmelig oder zumindest irgendwie matschig und weich, das gilt vor allem für die wenig harten Stiele.

Die Tabelle auf Seite 97 beschreibt, welche Trocknungsmethoden sich kombinieren lassen. Bei Kombinationen, die in der Tabelle als nicht günstig markiert sind, spielt die Menge und das Mengenverhältnis der in Werkstücken verwendeten Materialien eine wichtige Rolle. Ungünstig sind Verbindungen aus Glyzerin mit feuchtigkeitsempfindlichen Teilen wie zum Beispiel die Kombination mit Silica-Blumen und in Zucker konservierten Pflanzenteilen. In Zucker konservierte Blumen bereiten ferner Schwierigkeiten, wenn sie mit in Waschpulver getrockneten Teilen kombiniert werden, da das Waschpulver den Pflanzen eine weiche Konsistenz verleiht. Werden viele Silica-Blumen in einem Gebinde verwendet, richten darin ein paar Glyzerin-Blätter keinen Schaden an. Befindet sich das mit Glyzerin behandelte Material so sehr in der Minderzahl, übt die Feuchtigkeit keinen Einfluß mehr aus.

Problem Farbe

Die Methoden des Trocknens und Konservierens sollen auf der einen Seite die Form einer Blume, auf der anderen ihre Farbe so weit als möglich erhalten. Gerne geben wir dem Verfahren den Vorzug, welches beides am besten vereint. Zusätzliches Färben ist in den wenigsten Fällen notwendig. Trockenmaterialien aus dem Angebot des Fachhandels gibt es in ihrem Naturton und daneben in Sortimenten mit harmonisch abgestimmten Farben. Will man auf künstlich eingefärbte Pflanzen zurückgreifen, kann man die entsprechende Menge in ausgewählter Farbabstufung einkaufen.

Es hat manchmal jedoch seinen Reiz, selbst etwas zu färben. Am besten gelingt dies im Tauchverfahren. Den Farbstoff dazu gibt es für ziemlich kräftige Töne in Pulverform zu kaufen, für etwas gedämpftere Töne verwendet

man Flüssigkeiten zum Färben. Die gleichen Farben werden von Gärtnereien gewerblich genutzt, die ihre Trokkenprodukte einfärben, oder von Grossisten, die für den Floristen-Fachbedarf arbeiten. Einige dieser Farben wirken in einzelnen Tönen oft recht laut, sie können aber alle untereinander vermischt werden, und aus ein paar Grundfarben kann man eine sehr gute Palette zusammenmischen. Der Nachteil ist, daß diese Farben nur in größeren Mengen erhältlich sind und für den ein- oder zweimaligen Gebrauch zu teuer werden. Hier kann Batikfarbe, die zwar im Grunde teurer, aber in viel kleineren Mengen zu haben ist, abhelfen. Die Farben sind jeweils nach Gebrauchsanweisung zu verwenden.

Wasserlösliche Holzbeizen eignen sich nicht sehr gut für Trockenmaterialien, obwohl sie ideal wären. Sie lassen sich schnell anrühren und man erhält sie in kleinen Mengen und in guten Farben. Man kann versuchen, etwas Spülmittel in die angerührte Holzbeize zu geben, damit sich die Pflanzenoberfläche besser benetzen läßt. Dies bringt aber nicht sehr viel und färbt schlecht.

Sprühen ist eine schnelle Methode, einen gleichmäßigen Farbfilm über die Pflanzenteile zu legen. Wenn man zur Sprühflasche greift, dann ist unbedingt darauf zu achten, daß ganz klar »ohne FCKW« daraufsteht und nicht irgend etwas Vages. Der Farbauftrag aus der Sprühdose deckt das Material vollständig, das heißt jedes Pflanzenteil sieht künstlich gleichmäßig aus. Man ahnt keine Oberflächenbeschaffenheit mehr und, Abweichungen von der ursprünglichen Farbe fallen nicht mehr ins Gewicht – alles erscheint gleichfarben und gleichwertig. Wenn es auf Fernwirkung für Dekorationszwecke ankommt, ist allerdings mit den gesprühten Pflanzenmaterialien viel Effekt zu erzielen.

Gebleichte Pflanzen wirken in manchen Arbeiten recht attraktiv. Die einzelnen Blätter, Zweige, Blüten- und Fruchtstände werden nicht einheitlich weiß, sondern nach ihrem ursprüng-

Im richtigen Stadium geerntet, bleiben die empfindlichen Randblüten gut erhalten.

lichen Aussehen heller oder dunkler cremefarben, ganz durchscheinend oder nehmen beinahe einen weichen Goldton an. Als Hausmittel ließe sich (3 bis 5%) Wasserstoffperoxid (H_2O_2) verwenden, um die Teile zu bleichen. Sie erreichen dann aber nicht die Wirkung der gekauften gebleichten Sachen, die mit Schwefelsäure und Schwefeldioxid behandelt und dafür in Bäder gelegt bzw. in Bleichkammern begast wurden. Diese Verfahren erfordern spezielle technische Einrichtungen. Zudem sind sie auch zu gefährlich, als daß man sie im privaten Bereich ausprobieren könnte. Da das Angebot an gebleichten Materialien groß ist, sucht man sich besser im Fachhandel das Gewünschte aus.

Um kleine Mengen Farbe auf ein Pflanzenteil zu bringen, bewähren sich Wasserfarben sehr gut. Nie wirken sie schrill oder künstlich, ihnen fehlt der Glanz, und sie lassen sich leicht auftragen. Sie bringen kleine Akzente, wirken als Ergänzung zu den natürlichen Tönen und ordnen sich überall ein.

Bei den getrockneten und konservierten Pflanzen ist die Farbwirkung generell matter und stumpfer. Das hängt mit der entzogenen Feuchtigkeit zusammen. Die Farbstoffträger sind ja auf verschiedene Weise im Plasma gelöst oder an den Zellwänden gebunden. Der gute Farberhalt hängt zum größten Teil davon ab, ob der Farbstoff flüssig oder fest eingelagert ist. Von Belang ist auch, wie die Zellschichten direkt unterhalb der Epidermis beschaffen sind (vor allem bei Blüten) und inwieweit beim Trocknen diese spezifische Beschaffenheit zerstört wird. Die Blattoberfläche, die die Textur bestimmt und den seidigen Schimmer oder das Samtige einer Blume ausmacht, was wiederum wesentlich zur Farbwirkung beiträgt, geht meist verloren, so daß der Farbton einfach matt und bei aller Kräftigkeit doch wie ohne Leben aussieht.

Das müssen wir akzeptieren, denn wir können nicht beides haben – die leuchtende frische Blüte, die zugleich konserviert und haltbar ist. Mit den stumpfen Farben und Oberflächen läßt sich aber viel anfangen, und wenn wir an die Farbenvielfalt denken, die während einer langen Saison des Sammelns, Trocknens und Konservierens zusammenkommt, so ist Auswahl genug da, um ohne spezielle Färbung auszukommen. Die Farben Grün, Braun und Gelb sind stark vertreten, in vielen hellen bis dunklen, matten bis kräftigen Ausführungen. Allein schon diese drei Farbgruppen sind attraktiv genug, um sich intensiv mit ihnen zu beschäftigen. Besonders wenn man bedenkt, daß durch die unterschiedlichen Konservierungsmethoden jeweils noch spezifische Grün-, Gelb-, Ocker- und Brauntöne entstehen. Zu diesen Farben gesellt sich das schon nicht so häufige Grau. Ab und zu kommen Schwarz und Weiß hinzu, die auf getrockneten Pflanzen stets in abgemilderter Tönung erscheinen. Eine getrocknete Blume in Weiß wirkt immer cremefarben, gräulich oder beige getönt, und das Schwarz ist nie so kohlrabenschwarz, wie es sonst in Erscheinung tritt. Es tendiert zum dunklen Braun, Bläulichen, Grauen usw.

Zu allen diesen Tönen kommen nun die »richtigen« Farben hinzu, die es zusätzlich erschweren, sich für etwas zu entscheiden. Ein Vorteil der matteren trockenen Farben ist, daß kaum Farbunverträglichkeiten auftreten, wie sie bei frischen Blüten immer wieder vorkommen. Der Trocknungsprozeß hat alle Farben sich angleichen lassen, harte Töne sind weicher geworden, kalte Farben stumpfer, und von der Farbe her schwierig zu verbindende Blumensorten passen auf einmal ohne Probleme.

Zusammenstellungen, die in den Farben Grün, Braun oder Gelb bis Okker gehalten sind, auch Arrangements mit Mischungen dieser Farben, vertragen durchaus eine kräftige Akzentfarbe, die sogar von einem gefärbten Bestandteil ausgehen kann. Sobald aber präparierte Blumen mit naturbunten Tönen miteinbezogen werden, sollte man auf eine zusätzliche Farbgebung verzichten, die Blüten würden um ihre Wirkung gebracht. Eine Ausnahme könnte Wasserfarbe bilden, sanft über ein Blatt gelegt.

Eine sehr reizvolle Wirkung erzielt eine Farbe für sich allein. Das ist nicht nur bei Frischblumen so, sondern gilt auch für alle trockenen Pflanzen. Für so eine Arbeit in einer einzigen Farbe muß man aber vorher sammeln! Es kommt ja dabei auf die Vielzahl der Abstufungen und Tonwerte an, nur so wird das Ganze interessant und harmonisch, und zudem sollten die Teile keinen zu gleichartigen Charakter haben. Es müssen viele Formen versammelt sein: dünne Rispen, gerade Kerzen, lockere Dolden, kompakte Rundungen, spitze, ovale, längliche Flächen. Dadurch kommen zwangsläufig unterschiedliche Töne einer Farbe zusammen, und zusätzlich entstehen bei jedem Trocknungsprozeß wieder andere Nuancen, so daß sich ein sehr lebhaftes Form- und Farbspiel einstellt. Wir können so eine enge Farbabstufung einmal mit Grün oder Weiß versuchen, relativ leicht gelingt sie mit Braun und Ockergelb. Natürlich wäre dies auch mit anderen Farben sehr reizvoll, aber zu einer solchen Arbeit müssen wir über längere Zeit gezielt zusammentragen und vorsorgen, damit der subtile Farbcharakter der einzelnen Teile mit all ihren feinen Nuancen und Schattierungen untereinander korrespondiert.

Die Arbeiten mit einem Farbton können erweitert werden auf zwei Töne, in denen entweder gleiche Farb- oder unterschiedliche Farbmengen vorhanden sind. Zum Beispiel könnte man sich einen mit gleichwertiger Farbmenge in Grün und Weiß gehaltenen Strauß vorstellen oder einen, der zu einem wesentlichen Anteil aus Grün besteht und nur etwas Weiß enthält oder umgekehrt. Hübsche Kombinationen ergeben sich, wenn dunkles Braun und helles Ocker mit Gelb zusammenkommt, oder Blau mit Weiß, Weiß mit

Geerntete, gekaufte, gesammelte Blüten sind der Anfang zu einem Potpourri.

Gelb, Rosa mit Weinrot, Rosa mit Weiß. In nächstkomplizierter Folge könnte man sich Dreiklänge vornehmen: Grün-Weiß-Beige, Dunkelbraun-Ocker-Weinrot, Blau-Gelb-Weiß, ferner Weinrot-Rosa-Weiß. Dies sind nur einige von vielen Möglichkeiten.

Die Kombination von vier und fünf Farben bietet den weitesten Spielraum für Zusammenstellungen. Harmonisch sanft abgestuft wirkt ein Gebinde aus Dunkelblau, Violett, Weinrot, Rosa und Weiß, oder kontrastreich lebhaft bei Gelb, Blau, Dunkelbraun, Orange und Grün. Enthält eine Arbeit mehrere Farben, wären vermittelnde Töne einzubeziehen in Form von Weiß oder mattem Grün, was bei den Trockenmaterialien nicht schwer fällt, Zwischentöne sind ja reichlich vorhanden.

Werden mehr als fünf bis sieben Farben verwendet, wirkt ein Gebinde fröhlich, vorausgesetzt es herrscht eine ausgeglichene Vielfalt und aller Pflanzenwerkstoff ist in der Lage, sich charaktermäßig einzuordnen. Für Sträuße, Gestecke, Körbe, Girlanden, was es auch sei, gilt: die Blumen und Blätter, Ranken und Früchte sollten nicht groß und anspruchsvoll in ihrer Form sein, eher klein und mit Bedacht ausgewählt.

Ausgewählte Beispiele

Zahllose Formen und Arten von Gebinden lassen sich mit getrockneten, präparierten Blumen und Pflanzen erstellen. Es würde hier den Rahmen sprengen, wollte man all das beschreiben und erklären. Es gibt aber ein paar spezielle Zusammenstellungen, die sich in erster Linie auf getrocknete Pflanzen beziehen und die nicht wie etwa Sträuße, Gestecke und Körbe ebenso mit frischen Blumen gearbeitet werden. Wer ein paar Grundformen kennt und die entsprechenden Arbeitstechniken beherrscht, ist in der Lage, sich nach und nach zu steigern, um eine Vielfalt von Ideen und Kompositionen zu verwirklichen. Doch daneben sind einige Arbeiten nur sinnvoll, wenn sie auf der Basis von trockenen Blumen gründen oder den Trocknungsprozeß einbeziehen. Dazu gehören Potpourri, Kräutersträuße, Duftsträuße, Blumenbuschen zum Aufhängen und Kränzchen (siehe Seite 88).

Potpourri

Der Name kommt aus dem Französischen (ursprünglich sogar aus dem Spanischen) und bedeutet im Sprachgebrauch Allerlei, Eintopf. Potpourri wird auch als Bezeichnung für eine Duftmischung gebraucht, die aus verschiedensten getrockneten Blüten, Blütenblättern, Blättern, Rinden, Wurzeln und anderen besteht. Getrocknete duftende Blumen kannten verschiedene Völker und Kulturen, beispielsweise die Ägypter oder Japaner, deren Adel um etwa 1000 n. Chr. regelrechte Wettbewerbe im Duftmischen veranstaltete.

Im viktorianischen England war es allgemein Sitte, Potpourris aufzustellen, und viele Gartenbücher geben Hinweise auf geeignete Pflanzen für Potpourris. Vor allem in England und

Amerika, zum Teil auch in Frankreich, hat sich etwas von der Liebe zum Potpourri erhalten. Sie erfährt derzeit eine Renaissance, indem viele verschiedene Rezepte wieder aufleben. Das Potpourri basiert auf einer ausgewogenen Mischung verschiedener Bestandteile, wobei sich die Düfte nicht wild kreuzen dürfen, sondern aufgrund ihrer spezifischen Noten harmonisch miteinander kombiniert werden. Das meiste für Potpourris benötigte Material kann man selber trocknen, und ein bißchen wird dazugekauft, wie zum Beispiel Gewürze, Zimt, Zitronenschale, Nelken, Muskat und vieles andere. Zum Fixieren des Duftes verwendet man Benzoëharz oder die Wurzel von *Iris dalmatica*, »Veilchenwurzel« genannt, die früher einen Parfümbestandteil bildete. Zugefügt wird ferner noch ätherisches Öl nach Wahl, das man in Apotheken oder Drogerien zukauft.

Das Mischen der trockenen Blütenblätter geschieht ebenso vorsichtig wie das Verteilen des ätherischen Öles (einige Tropfen). Die Mischung gibt man in ein gut verschließbares Gefäß, zum Beispiel in eine Frischhaltedose. Das Potpourri wird im verschlossenen Gefäß dunkel aufbewahrt und öfters umgerührt. Nach etwa zwei Wochen kann es in eine offene Schale umgefüllt und aufgestellt werden.

Das Wichtigste dabei ist, daß die Blumen- und Pflanzenbestandteile rasch trocken werden, das Trocknen im Backofen wäre dafür die beste Methode, weil sie noch am meisten von dem Duft übrigläßt. Aber der Ofen muß gut kontrolliert werden, damit die Hitze nicht zu stark ist und gerade das, was man erhalten möchte, nämlich die flüchtigen und hitzeempfindlichen ätherischen Öle, zerstört.

Blumen und Blätter, die man selbst für ein Potpourri trocknen kann, liefern folgende Pflanzen: Zitronenmelisse, Ringelblume, Rosen (es müssen aber schon Duftrosen sein, wie die alten Gallica- oder Damaszener-Rosen),

Verschiedene Blüten, die man selbst trocknet, und Gewürze oder Aromen, die man käuflich erwirbt, sind die Zutaten für Potpourris.

Kornblumen, Lavendel, Narzissen, Strohblumen, Veilchen, Margeriten, Chrysanthemen, Malven, Nelken, Gardenien, Duftperlargonien (Geranien), Goldlack, Hyazinthen, Salvien, Eukalyptus, Lorbeer, Rosmarin, Minze, Weinraute, Thymian und andere.

Kräuterstrauß

Zu den Pflanzenarten, die sich gut trocknen lassen, und dabei ansehnlich bleiben, gehören eine Reihe von Duft- und Gewürzkräutern. Viele von ihnen kommen ursprünglich aus wärmeren Gebieten wie dem Mittelmeerraum oder den Steppen Nordafrikas und Asiens, und damit wäre auch erklärt, warum sie sich so gut zum Trocknen eignen. Wegen den hohen Temperaturen, die in solchen Vegetationszonen oft herrschen, schützt sich das Laub vor zu starker Verdunstung: Eine etwas lederige Beschaffenheit setzt den Wasserverlust durch Atmung herab, oder eine leichte oder stärkere Behaarung verhindert ein Erhitzen der Blattoberfläche. Viele dieser Pflanzen besitzen duftende und aromatische Sprosse, Blätter und Blüten. Diese Duft- und Aromastoffe gehören zu den sekundären Pflanzeninhaltsstoffen. Im Gegensatz zum primären Stoffwechsel, der bei allen Pflanzen gleich abläuft, entstehen im Sekundärstoffwechsel je nach Pflanzenart unterschiedliche Inhaltsstoffe wie ätherische Öle, Harze, Alkaloide, Glykoside und viele andere. Bedeutung für unsere Zwecke haben nur die ätherischen Öle und Harze. Warum diese sekundären Pflanzenstoffe aufgebaut werden und wozu sie der Organismus braucht, ist noch ziemlich unbekannt. Wir wissen nur, daß neben anderen Pflanzen besonders viele Rautengewächse *(Rutaceae)*, Lippenblütler *(Labiatae)*, Kiefern- *(Pinaceae)* und Doldengewächse *(Umbelliferae)* diese Duft- und Aromastoffe ausbilden.

Pflanzen, die reichliche Mengen dieser ätherischen Stoffe aufweisen, sind ein guter Werkstoff für Kräutersträuße. Sie geben doppelt Freude: in frischem Zustand erfreuen sie mit dem wundervoll würzigen Duft aus dem Kräutergarten und den besonderen Farben, denn die Pflanzen eines Kräuterstraußes vereinen viele Grüntöne und sehr schöne Blatt-Texturen. Wenn man mag, kann man die Kräutersträußchen ja erst ins Wasser, aber nicht tief und nicht lange einstellen (sonst verliert es den Duft), am besten nach der auf Seite 51 ausführlich beschriebenen Methode des Eintrocknens in Wasser. Wir können den Kräuterbuschen auch gleich aufhängen, und zwar an einem luftigen, schattigen und trockenen Ort, am besten an einer Stelle, wo man oft vorbeigeht. Auch noch während der Trocknungsphase verströmt er seine aromatischen Düfte, vor allem, wenn zusätzlich eine warme Luftbewegung herrscht.

Duft- und Aromapflanzen bilden den Werkstoff für Kräutersträuße. Die unterschiedlichen Blatt-Texturen und die verschiedenen Grüntöne lassen solche Gebilde besonders reizvoll erscheinen.

Folgende Pflanzen eignen sich für Kräutersträuße: Zitronenmelisse, Pfefferminze, Beifuß, Borretsch, Basilikum, Weinraute, Fenchel, Waldmeister, Kerbel, Lavendel, Majoran. Rosmarin, Salbei, Thymian, Kamille, Mutterkraut und andere. Man kann eine duftende Rose beifügen oder ein paar süß riechende kleinblumige Gartennelken.

Um einen Duftstrauß zu binden, gehen wir ähnlich vor, nur daß statt der Kräuter und Blätter duftende Blumen den Hauptbestandteil ausmachen und das Laub nur zur Ergänzung dazugebunden wird.

Buschen

Blumen und Pflanzen, die zum Trocknen aufgehängt wurden, sehen immer sehr ansprechend aus in ihrem Durcheinander verschiedener Blütenstände, Blätter, Früchte, Farben. Der Anblick ist so reizvoll, daß wir ihn als Vorbild für einen Blumenbuschen nehmen, welcher unkonventionell gefertigt und mit dem Kopf nach unten aufgehängt wird, wie zum Trocknen. Man kann solch einen Buschen auch aus frischen Pflanzen binden, aber besser ist es, alles schon vorher zu trocknen. Es wird dann eine bessere Form erreicht, und man kann bewußter die vielen verschiedenen Schattierungen, Texturen, Strukturen der Blüten und Blätter zur Geltung bringen.

Ja nachdem, wo der Strauß hängt, kann er rundum gleichmäßig oder einseitig flacher gehalten werden. Aber immer sollte er in einer länglichen, zum Stiel hin dicker gehaltenen Form gebunden werden. Je nachdem, in welcher Umgebung dieses Gebinde hängt, kann es ländlich einfach gehalten sein, fröhlich-unkonventionell, oder es mag ganz exakt-symmetrisch und sehr geordnet aussehen. Auch für eine weiche, fließende und elegante Form könnte man sich entscheiden. Wenn der Strauß also eine bestimmte vorgedachte Form bekommen soll, muß man die Blumen und alles andere dazu sorgfältig aussuchen und ihrem Wuchs entsprechend einsetzen. Dafür ist es vielleicht erforderlich, einen Teil der Stiele zu drahten.

Der Abschluß zeigt immer Stiele, man soll ja sehen, daß ein Strauß aufgehängt wurde. Die Verbindung zwischen Stielabschluß und Binde-Material kann für reizvolle Variationen genutzt werden. Als Aufhängung passen Bast, Schnur, Kordel, Bänder, Pflanzenranken, Gras, ein Stück gerissener Stoff und vieles andere.

Aromatische und duftende Pflanzen für Potpourris, Kräutersträuße, Buschen

Anis	*Pimpinella anisum*
Angelika	*Angelica archangelica*
Basilikum	*Ocimum basilicum*
Beifuß	*Artemisia vulgaris*
Bohnenkraut	*Satureja montana*
Diptam	*Dictamnus albus*
Eberraute	*Artemisia abrotanum*
Estragon	*Artemisia dracunculus*
Eukalyptus	*Eucalyptus globulus* und andere Arten
Heiligenkraut	*Santolina chamaecyparissus*
Katzenminze	*Nepeta × faassenii*
Koriander	*Coriandrum sativum*
Krause Minze	*Mentha spicata* var. *crispa*
Lavendel	*Lavandula angustifolia*
Liebstöckel	*Levisticum officinale*
Lorbeer	*Laurus nobilis*
Majoran	*Origanum vulgare* und *O. majorana* (*Majorana hortensis*)
Mutterkraut	*Matricaria oreades*
Myrte	*Myrtus communis*
Orange	*Citrus sinensis*
Pfefferminze	*Mentha × piperita*
Römische Kamille	*Chamaemelum nobile*
Rosenpelargonie	*Pelargonium graveolens*
Rosmarin	*Rosmarinus officinalis*
Salbei	*Salvia officinalis*
Schafgarbe	*Achillea millefolium* und andere Arten
Süßdolde	*Myrrhis odorata*
Thymian	*Thymus vulgaris*
Waldmeister	*Galium odoratum*
Weinraute	*Ruta graveolens*
Ysop	*Hyssopus officinale*
Zitrone	*Citrus limon*
Zitronenmelisse	*Melissa officinalis*
Zitronenpelargonie	*Pelargonium odoratissimum* und andere Arten
Zitronenstrauch	*Aloysia triphylla* (*Lippia citriodora*)

Grundtechniken für die Verarbeitung konservierter Pflanzenteile

Die speziellen Eigenschaften der konservierten Pflanzenteile erfordern eine bestimmte Handhabung, damit sich das trockene Material problemlos in floristische Arbeiten einfügen läßt. Für die Weiterverarbeitung in floristischen Werkstücken sind ein paar Grundkenntnisse notwendig, die sich zum einen auf den Umgang mit einzelnen Teilen beziehen, zum anderen darauf, wie aus den vielen Stielen ein Strauß, ein Gesteck wird. So, wie beim Trocknen und Präparieren womöglich allerlei Verfahren durchprobiert wurden, so bietet das Herstellen verschiedener Arbeiten ebenfalls ein breites Versuchsfeld.

In Arbeiten mit konserviertem Pflanzenmaterial braucht – im Gegensatz zu Gebinden aus frischen Blumen – kein

Wasser bereitgestellt zu werden, um Blätter und Blüten frisch zu erhalten. Dieser wesentliche Umstand, der sonst als Grundvoraussetzung unbedingt zu beachten ist, fällt nun weg. Wir können dadurch ziemlich frei mit getrockneten Pflanzenteilen umgehen.

Damit die Blüten und Zweige, all das Gesammelte, Getrocknete, Gepreßte und Behandelte, nun wirkungsvoll zur Geltung kommen, sollte man nicht nur ein Minimum an handwerklichen Fertigkeiten beherrschen, sondern man muß auch einiges über die ästhetische Wirkung der Blumen, Blätter und Zweige wissen. Alle konservierten Pflanzenteile weichen darin völlig von den frischen Blumen ab. Natürlich ist es ein guter Weg, die frische Pflanze als Vorbild zu nehmen, was die Formwahl, das Einsetzen von Bewegung in der Komposition und anderes betrifft.

Leicht wird aber dabei vergessen oder übersehen, daß die vielen präparierten Teile eine etwas andere Ausstrahlung besitzen. Die haltbar gemachten Blumen bekommen, auch wenn sie biologisch tot sind, einen eigenen Ausdruck, man könnte sagen ein »Eigenleben«. Das unterscheidet sie auch, neben der eigentlichen Substanz, von den Kunstblumen. Diese sind perfekt gemacht – entweder als eine dem natürlichen Vorbild täuschend ähnliche Imitation oder als dekoratives Phantasiegebilde. Nun mögen Kunstblumen durchaus ihre Berechtigung haben, sie lassen sich aber nicht mit den präparierten Pflanzenteilen auf eine Ebene stellen. Gerade das Unperfekte, das Brüchige und eigentlich doch Vergängliche, das den haltbar gemachten Blumen innewohnt, macht ihren besonderen Reiz aus, der nun einmal nicht in der Perfektion liegt. Der Charme eines im Grunde genommen toten Blattes, einer nicht mehr lebenden Blüte, die aber doch noch ganz und jetzt leibhaftig da ist, kann ein Kunstprodukt, so exakt es auch immer nachgebildet sein mag, niemals vermitteln. Was für die Einzelblume gilt, trifft genauso auf das Gebinde zu. Mit getrocknetem Material wird nicht der Strauß aus frischen Blumen nachgemacht, so gut es eben damit geht, sondern die präparierten Pflanzen finden sich zu einer eigenen Form mit einer für sie typischen Ausstrahlung zusammen. Dies sollte man sich bewußt machen, bevor man mit floristischen Arbeiten anfängt.

Stützen und Drahten

Für die allermeisten Arbeiten mit Trockenblumen ist das Drahten in irgendeiner Weise notwendig. Eine große Anzahl der Stengel wird beim Trocknen stets brüchig, oder sie wurden von vornherein kurz bis sehr kurz geschnitten, weil sie in die Behälter mit den diversen Trocknungsmitteln passen mußten. Danach brauchen sie eine Stütze, Verlängerung oder Stabilisierung.

Einen Teil der Stiele wird man schon vor dem Konservieren drahten, es ist jedoch nicht bei allen Pflanzen notwendig und bei manchen auch nicht angebracht. (Vergleiche die Ausführungen in dem Kapitel »Möglichkeiten und Methoden«) Manchmal stört der Draht beim Trocknungsvorgang, oder

107

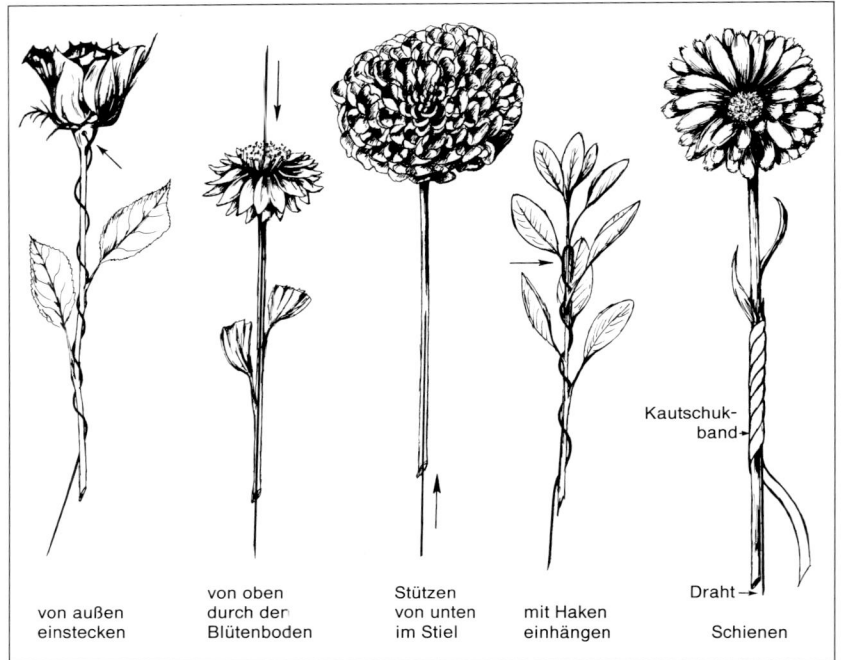

| von außen einstecken | von oben durch den Blütenboden | Stützen von unten im Stiel | mit Haken einhängen | Draht Schienen |

die Stielstärke hat sich beim Trocknen so stark vermindert, daß noch einmal gedrahtet werden müßte. Das hieße dann, der vorherige Draht wird entfernt, wobei der Stiel leicht bricht, ein neuer Draht muß angelegt werden. Im folgenden werden die Methoden des Drahtens und Stützens, die für Trockenmaterialien in Betracht kommen, kurz beschrieben.

Der Draht wird für das **inwendige Stützen** durch einen hohlen Stiel bis zum Blütenbodenansatz geschoben. Diese Art zu drahten sollte vor dem Trocknen geschehen. Es gibt eine Reihe von Blüten, die einen hohlen oder leicht durchgängigen Stengel besitzen wie Anemonen, Narzissen, Zinnien, Chrysanthemen, Rittersporn, Dahlien. Für sie eignet sich diese Methode bestens, Drahtstärke: 0,7 bis 1,0 mm.

Das **Stützen von außen**, am Stengel entlang, ist eine Technik, die man eher für frische Blumen verwendet. Bei den trockenen Stielen ist es eigentlich nicht notwendig. Ist der Stiel fest und stabil, braucht er nicht gestützt zu werden. Ist er es nicht, dann befindet er sich weniger in einem schlaffen oder zu weichen Zustand, sondern ist eher zu dünn und brüchig. Dagegen hilft ein Stützen von außen nicht viel weiter.

Die Technik des Stützens wird aber manchmal benötigt, wie etwa bei in Glyzerin konservierten Pflanzenteilen. Dann wird der Draht leicht in den Blüten- oder Fruchtboden gestochen und eng am Stengel in einem windenden Ablauf zum Stielende geführt. Wenn kein fester Blütenkopf vorhanden ist, in den man den Draht stechen könnte, biegt man das obere Ende des Drahtes

Die wichtigsten Techniken des Drahtens. Beschreibung im Text.

Durch Andrahten werden schwache Stiele gestützt oder kurze Stiele verlängert.

Den unteren Stengelabschnitt hält man so zwischen linkem Daumen und Zeigefinger, daß ein kleines Stielende übersteht. Der Draht wird quer daraufgelegt, und zwar so, daß ein kurzes und ein langes Ende übersteht. Der linke Daumen und Zeigefinger halten Draht und Stiel fest. Mit der rechten Hand werden nun beide Drahtlängen so umgebogen, daß sie so eng wie möglich parallel am Stielende entlanglaufen. Mit ausholendem Schwung wird das lange Drahtstück zwei- bis dreimal um das Stielende und das kurze Drahtstück herumgewickelt. Wichtig für Halt und Festigkeit ist, daß das letzte Stengelende nicht frei steht, sondern fest mit Draht umschlossen wird. Das kürzere Drahtteil bleibt parallel zum Stiel verlaufend überstehen, das lange wird als neuer Stiel benützt.

Braucht man keinen langen Stiel, wie zum Beispiel für die Herstellung kleiner Steckformen und Kränzchen, kann man beim Andrahten die Drahtlängen gleich lang halten, so, daß es kein wesentlich längeres und kürzeres Stück gibt. Das gedrahtete Pflanzenteil wird hier mit beiden Drahtenden in die Unterlage gesteckt. Weil der gedrahtete Stiel einer zweizinkigen Gabel ähnelt, nennt man diese Art zu verfahren »an Gabel drahten«.

sehr eng und kurz zu einem schmalen Widerhaken, der an einer passenden Verzweigung eingehängt wird. Danach verfährt man mit dem verbleibenden Stück wie oben beschrieben.

Die Technik des **Andrahtens** wird für viele der kurzen dünnen und brüchigen Stiele am öftesten gebraucht. Zum einen kann man angedrahtete Stiele besser als nicht angedrahtete binden und stecken, zum anderen kann man damit kurze Stiele verlängern oder dünne Stengelchen besser zusammenfassen.

Die Drahtstärken, die normalerweise hierzu verwendet werden, liegen zwischen 0,7 und 1,2 mm. Die Länge kann verschieden sein, am gebräuchlichsten sind Drahtlängen von 28 cm, 30 cm.

Im übrigen lassen sich mit nicht zu stark gewähltem Draht von 0,4 bis 0,8 (1,0) mm Stärke und etwas Geschick fast alle Stiele auch in trockenem Zu-

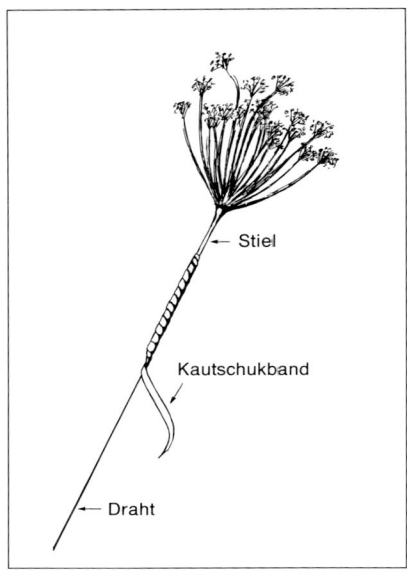

Zu kurze Stiele kann man mit Hilfe eines Drahtes verlängern.

Man benötigt dazu einen festen, stabilen Draht.

Der Draht oder Aufbindestab wird so gehalten, daß er parallel zum Stiel verläuft. Beide Teile müssen sich ein Stück weit überschneiden. Nun wird beides mit Tape oder Kautschukband fest umwickelt. Wie weit der Kunststiel und der gewachsene Stiel nebeneinander herlaufen sollen, hängt von der Größe des Zweiges ab und davon, wie lang er gesteckt oder gebunden werden soll. Das können nur 5, 6 cm oder 15 und sogar 20 cm sein. Wichtig bei dieser einfachen Verlängerungsmethode ist es, das Band wirklich sehr eng und dicht herumzuwickeln.

tand andrahten. Wird erst bei Gebrauch der Blüten gedrahtet, hat dies den Vorteil, daß zum Lagern der Blumen keine Drähte stören oder sich verhaken. Besonders bei längeren Drähten ist dies ein Gesichtspunkt. Zu leicht wird beim Einlegen in den Aufbewahrungskasten aus Versehen in Blüten und Blätter gestochen, und manchmal mag der Draht auch etwas rostig werden, wenn zum Beispiel die Pflanzenteile länger liegen. Grün lackierter Draht ist nicht so griffig wie blaugeglühter und wirkt zudem bei feinen Sachen aufdringlicher in der Farbe.

Verlängern und Verstärken. Reicht normales Andrahten für eine Verlängerung eines Stieles nicht aus, so bekommt er eine zusätzliche Verlängerung. Diese besteht aus einem stabilen, festen Draht. Je nach Stärke des zu verlängernden Stengels wird er etwa 1,2 bis 1,8 mm stark sein. Reichen diese Stärken nicht aus, kann auch ein stabiler Aufbindestab genommen werden.

Möchte man einen Stiel verstärken, weil er sich vielleicht, durch eine Glyzerin-Behandlung schwer geworden, zu stark neigt, kann er auf ähnliche Weise verstärkt werden. Nur daß dann dabei der Draht nicht (wie zum Verlängern) am Stielende, sondern am weichsten Teil, meistens im Mittelbereich, angelegt und mit Blumenband fixiert wird. Selbstverständlich verläuft der Draht wieder parallel zur Mittelrippe. Oft braucht man nur ein Stück der gesamten Stiellänge zu drahten, um die notwendige Stabilität zu erreichen.

Blätter drahten bedeutet bei trockenen Arten eine etwas heikle Angelegenheit, da viele der einzelnen Blätter keinen oder nur einen minimalen Stiel haben, der sich schlecht greifen läßt. Das Blatt wird am besten mit seiner Rückseite nach oben gehalten. Der Draht muß nun, auf der Blattrückseite liegend, senkrecht etwa auf der Höhe des unteren Blatt-Drittels vor und wieder hinter der Mittelrippe durchgestochen werden, so daß beide Drahtenden wieder auf der Blattrückseite zu

Beim Drahten getrockneter Blätter muß man besonders behutsam vorgehen.

Drahten von Blütenköpfen. Links: Mit Widerhaken läßt sich der Draht nur in frischen Blüten verankern.

Rechts: Bei Korbblütlern kann man den Draht auch oberhalb des äußersten Blütenkreises festzurren.

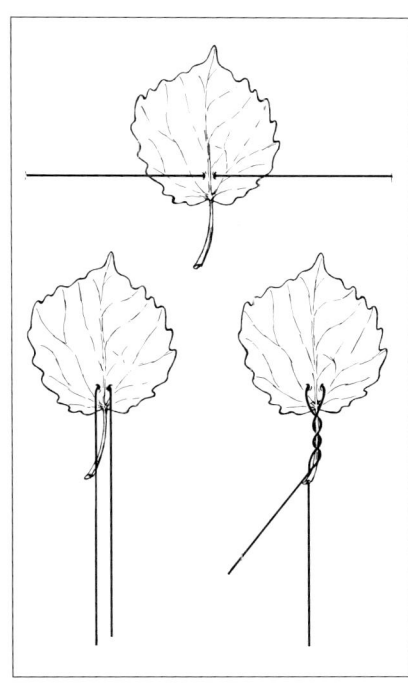

liegen kommen. Zeigefinger und Daumen der linken Hand halten das Blatt, zusammen mit dem durchgestochenen Draht, nun an dieser Stelle fest. Der Daumen und Zeigefinger der rechten Hand biegen die beiden Drahtenden haarnadelartig parallel neben der Mittelrippe laufend um.

Im Bereich von Blattende bzw. Stielansatz muß man ein bißchen vorsichtig sein, weil dies die empfindlichste Stelle ist. Hier kann sehr leicht das Blatt einreißen. Wie beim Andrahten wird das längere Drahtende um den Blattstiel und das andere, kürzere Drahtende geführt. Bei frischen Blättern, die stabil sind, bereitet dies keine große Schwierigkeit. Trockene Blätter hingegen, dürr und brüchig geworden, erfordern ein umsichtiges Vorgehen. Dabei hilft es, dünneren Draht zu nehmen. Ist er in einzelnen Fällen zu dünn, um ein Blatt zu halten, kann das an dünnem Draht gestützte Blatt mit einem stärkeren Draht nach dem zuvor beschriebenen Vorgehen gedrahtet werden.

Blütenköpfe drahten. Eine Sonderstellung nehmen Strohblumen und andere Korbblütler ein. Will man nur die Köpfe der Strohblumen, werden sie am besten vor dem Trocknen durch den Kopf gedrahtet. Der Draht von 0,7 mm

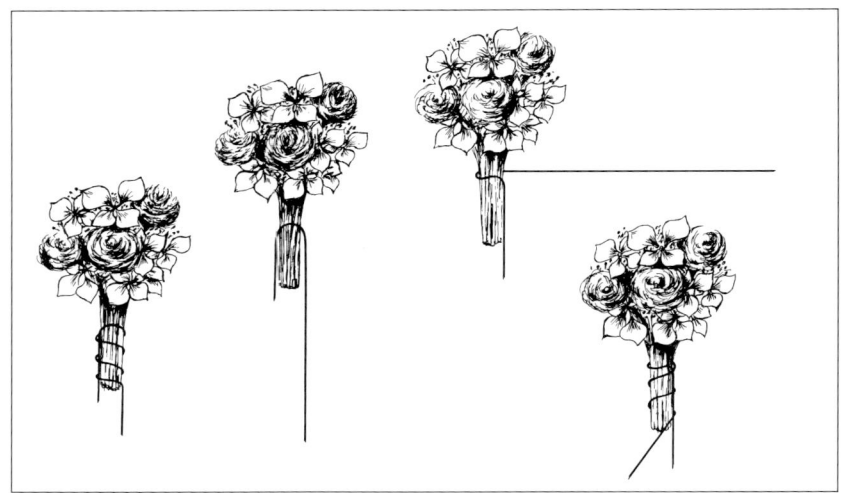

bis 0,9 mm Stärke wird auf einer Seite etwa haarnadelförmig (aber nur mit einem ganz kurzen Ende) umgebogen und gerade durch den Blütenboden gezogen, bis sich der kleine Widerhaken darin verankert. Sind die Blumen trokken, läßt sich dies nicht mehr durchführen. Sofern man den Draht überhaupt durchbekommt, bricht der Blütenboden in den meisten Fällen beim Durchstechen entzwei.

Strohblumenköpfe können auch noch anders gedrahtet werden. Draht mit einer Stärke von 0,5 mm bis 0,8 mm wird um diejenige Stelle der Blüte rund herumgeführt, die ganz unmittelbar nach den längsten Randblüten kommt. Der Draht wird festgezogen und mit einem kleinen Ruck verzwirbelt. Das muß ein wenig geübt sein, aber das Verfahren geht vor allem bei trockenen Blüten rasch vonstatten.

Büschel drahten. Für eine Reihe floristischer Arbeiten ist es sinnvoll, mehrere Blumenstiele zusammenzufassen, um ein kleines Büschel anzufertigen, das gebunden oder gesteckt im Strauß, Arrangement oder Kranz Verwendung findet. Je nach der gewünschten Form werden die Stiele gefaßt und auf die Länge, die man für eine bestimmte Arbeit braucht, zurechtgeschnitten. Die linke Hand hält die Stielenden in horizontaler Lage so zusammen, daß am unteren Ende des Büschels 1 bis 2 cm frei bleiben. Der Draht wird nun quer zu den Stielen aufgelegt und mit Daumen und Zeigefinger der linken Hand festgehalten. Die rechte Hand biegt den Draht eng haarnadelförmig um, so, daß beide Seiten des Drahtes parallel zu den Stielen laufen. Der längere Drahtteil wird nun mit Schwung drei- bis viermal fest um die Stiele und den zweiten Drahtteil gewickelt, spiralig sich nach unten fortsetzend. Genau wie beim Drahten eines einzelnen Stengels läßt sich hier mit einem langen Drahtstiel, oder mit zwei kurzen, an Gabel drahten.

Eine andere Vorgehensweise ist folgendermaßen auszuführen: Das Büschel wird nicht waagerecht, sondern aufrecht gehalten, wobei man ein kurzes Stielende läßt. Der Draht wird nun parallel zu den Stielen angelegt, und

**Zwei Methoden,
Büschel zu drahten.
Beschreibung im
Text.**

zwar so, daß am Büschelende ein kurzer Teil bei den Stielen bleibt, der lange Teil aber über das Büschel hinausragt. In der Länge, in der man das Büschel haben möchte, wird der Draht mit einem kleinen Schwung über die Stiele gebogen, nach hinten um diese herum geführt und ein- bis dreimal um die Stiele und das kleinere gerade verbleibende Drahtende, nach unten führend, gewickelt.

Kleben

Kleben stellt keine floristische Technik dar. Aufgrund seiner Beschaffenheit läßt sich getrocknetes Pflanzenmaterial aber nun einmal kleben, und es gibt Anwendungsbereiche, für die am besten geklebt wird. Es werden normale Haushaltskleber verwendet, die gerade zur Hand sind. Glatte, harte Früchte, die ein gewisses Eigengewicht haben, kleben wir vorzugsweise mit einer kleinen Klebepistole (Heißkleber) oder etwas zäherem Klebstoff wie beispielsweise Pattex. Der Vorteil des Heißklebers besteht darin, daß das zu klebende Objekt fast augenblicklich fest wird und kein langes Halten und Pressen nötig ist.

Um Pflanzen auf einen flachen Untergrund zu kleben, verwendet man am besten einen Naturgummi-Klebstoff. Er trocknet nicht so schnell an, und man kann leicht auch schon klebende Teile wieder lösen und anders anordnen. Einzelne Blätter oder Blüten können wir mit einem kleinen Tupfer Klebstoff auf trockenen kahlen Zweigchen befestigen oder auf einen gewachsenen Stiel aufkleben und, so verlängert, stecken.

Bei flächigen Arbeiten muß darauf geachtet werden, daß auf das Pflanzenteil nicht zuviel Kleber kommt, er schlägt durch das Blatt oder durch die Blüte und ergibt auftragende dunkle Flecken sowie unnatürlich glänzende Partien.

Strauß binden

Kleine und größere Sträuße aus Trockenblumen sind nicht anders zu bündeln als solche aus Frischblumen. Unterschiede bestehen darin, daß man oft mehr der dünneren Einzelstiele in der Hand hat, und in bezug auf die Stabilität vieler getrockneter Stengel. Es werden angedrahtete Pflanzenteile miteinbezogen, so daß wir natürlich gewachsene ebenso wie Drahtstiele in einem Gebinde zusammen haben.

Zu Beginn bereiten wir alle Werkstoffe vor. Die Einzelteile sollen übersichtlich zurechtgelegt sein, und wir müssen uns darüber im klaren sein, wie der Strauß ungefähr aussehen soll: rund, asymmetrisch, locker, dicht, klein oder groß. Die Stiele sind im unteren Drittel von störenden Stacheln, Dornen, Verzweigungen, Blättern und anderen Unebenheiten zu befreien. Der übrige Stengel kann beblättert, verzweigt, bestachelt bleiben. Mit einiger Übung läßt sich einschätzen, wie viele Blätter am Stiel jeweils bleiben sollen. Manches eingetrocknete Laub sieht sehr hübsch aus, anderes hingegen macht nur einen unordentlichen Eindruck.

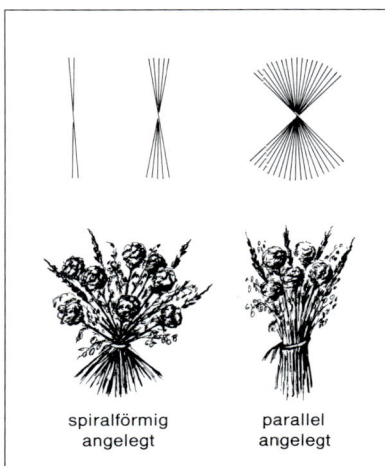

Binden von Sträußen. Kleinere Sträuße kann man auch parallel anlegen (rechts unten im Bild).

Unten: Dicht gefaßter Strauß aus frischen Ahornblättern. Er trocknet formerhaltend ein.

spiralförmig angelegt

parallel angelegt

Begonnen wird der Strauß mit der Mittelpartie. Man hält einen oder einige wenige Stiele in aufrechter Position mit der linken Hand. Der zweite Stiel wird so angelegt, daß seine Spitze sich nach links außen neigt, und das untere Stielende liegt – nach rechts auslaufend – schräg vor dem ersten Stengel. Weitere Stiele werden nun genauso in derselben Richtung schräg plaziert, so daß die Spitze nach links außen und das Ende rechts zur anderen Seite zeigt; immer fügt sich ein Stiel in die Lücken der anderen. Hat man einige Stengel eingefügt, wird der Strauß etwas gedreht: Die linke, straußhaltende Hand läßt dafür ein wenig locker und übergibt der rechten Hand die Führung. Diese hält die Straußstiele kurz, dreht den Strauß ein Stückchen weiter und gibt ihn zum Halten wieder an die linke Hand zurück.

Nun werden dem weitergedrehten Straußabschnitt wie beschrieben wieder neue Stiele beigefügt. So fährt man fort, bis alle Seiten des Straußes ausgebildet sind und ungefähr gleichviel Blumen erhalten haben. Dieses Anlegen an immer dieselbe Stelle und das Drehen sind nötig, damit sich die Stiele an dem Punkt, an dem der Strauß später gebunden wird, in einer engen sauberen Zusammenfassung treffen. Diesen engen Punkt nennt man Bindestelle, und wenn alle Stengel in guter sauberer Spiralform angeordnet wurden, bleibt der gebundene Strauß in der erstrebten Fasson. Würden die Stiele nicht in einer dichten, eng aneinanderliegenden Spiralführung stehen, sondern sich von allen Seiten überkreuzen, könnten die einzelnen Blumen im gebundenen Strauß ihren Platz nicht halten, sie würden verdrehen, verrutschen. Durch das Hin- und Herkreuzen der Stiele und wegen der dabei entstehenden Hohlräume würde der Strauß im Stielbereich zu dick und unförmig wirken.

An dem erwähnten engsten Punkt wird gebunden. Diese *Binde*-Stelle ist genau einzuhalten. Unterhalb dieser

Linie gebunden, fiele der Strauß oben zu weit auseinander, darüber gebunden würde er zu eng zusammengedrückt. Der Bindebast wird von unten zwischen die den Strauß haltende Hand gezogen, so daß ein kleines Bastende zwischen den Fingern bleibt. Das lange Ende wird oberhalb der Hand an der schmalsten Stelle der Stiele einmal fest herum gezogen. Dieses erste Ziehen bringt schon eine gute Festigkeit. Man kann danach leicht ein paarmal weiterbinden und spürt, wie die Bindestelle stabil und fest wird. Wurde ausreichend fest gebunden, läßt man den Strauß mit dem Kopf nach unten sinken und verknotet die beiden Bastfäden. Den Strauß kann man auch auf den Tisch legen und dort verknoten. Normalerweise wird aber im Hängen verknotet, nur sehr große und schwere Sträuße legt man dafür ab. Die Stielenden kürzt man noch etwas auf eine einheitliche Länge ein. Wurden nun viele Drahtstiele mit eingebunden, sieht es sauberer aus, wenn der Straußstiel mit einem Blumenband, vielleicht in brauner Farbe, umwickelt wird.

Bei ganz kleinen Sträußen, auch solchen mit Drahtstielen, braucht auf die spiralige Anordnung der Stengel nicht geachtet werden. Das gilt besonders dann, wenn die Gebinde ziemlich dicht sind. Man beginnt mit einer Mittelgruppe, um die herum alle weiteren Strauß-Bestandteile angelegt werden. Die Stiele verlaufen einfach parallel nebeneinander. Beim Binden wird der Strauß ebenfalls gedreht, aber nicht deshalb, um die Stiele nur an der Drehstelle anzulegen. Das Drehen geschieht nur, um die Gleichmäßigkeit der Rundung oder Form zu kontrollieren. Die Stengel können von allen Seiten zugefügt werden. Da die Stiele im Bereich der Bindestelle parallel nebeneinander laufen, kann sich nichts überkreuzen.

Dieses Vorgehen entspricht ungefähr dem Prinzip des Blumenbundes, wenn auch in abgewandelter Form. Wurden zudem viele Drahtstiele mit eingefügt, lassen sich diese noch zusätzlich nach außen biegen und in »Form bringen«. Gebunden wird am Ende genauso wie oben beschrieben.

Enthält ein Strauß sehr viele harte Stiele oder Drahtstiele, empfiehlt es sich, mit einem Wickeldraht zu binden, weil Bast oftmals nicht die richtig Stabilität und Festigkeit der Bindestelle ermöglicht.

Wer Schwierigkeiten hat, etwa im Umgang mit vielen Stengeln und größeren Gebinden, alle Stiele in ihrer Position zu halten, kann, wenn der Strauß ein Stück weit gediehen ist, schon einmal zwischendurch binden und das bisher Erreichte damit festhalten und anschließend weiter wie beschrieben vorangehen. Es ist auch ungewohnt, einen Strauß so lange zu halten, vielfach verkrampft sich die Hand, und dann bedeutet das Zwischenbinden eine Hilfe, um weitermachen zu können. Die professionelle Fachpraxis verlangt es in der Regel, Sträuße ohne Zwischenbinden zu fertigen.

Stecken

Viele der konservierten Pflanzen können mit ihren Stielen gut in verschiedenen Steckuntergründen festgehalten

115

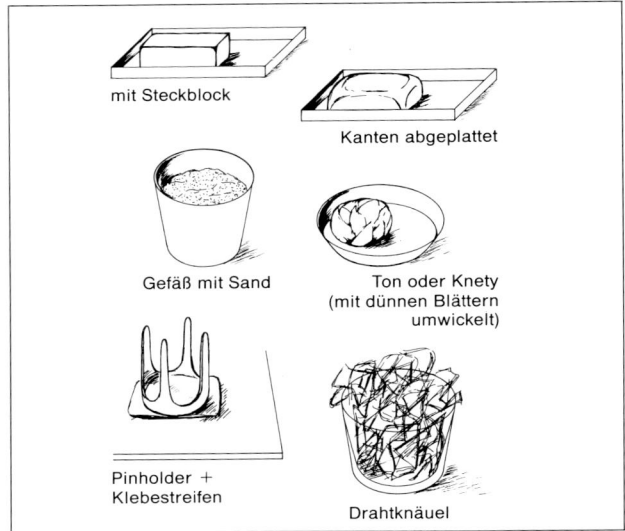

werden. Durch das Trocknen stabil geworden, erfordern sie keine besonderen Maßnahmen. Nur die brüchigen, spröden und weichen Stiele müssen gedrahtet werden. Als Steckuntergrund dient größtenteils künstlicher Steckschwamm, den es als Trockensteckmasse im Handel zu kaufen gibt. Frischblumen-Steckmasse eignet sich nicht gut, sie ist zu weich, zu leicht, bricht schnell auseinander und läßt sich nicht gut befestigen. Für kleinere Gestecke mit dünnem Gras und ähnlichem kann sie ein Ersatz sein, wenn nichts anderes zur Hand ist.

Es gibt aber auch noch andere verwendbare Materialien zum Stecken. Sand kann für tiefere Gefäße ideal sein, das heißt für Arbeiten, die in lockerer Fülle in einer Vase oder einem anderen hohen Gefäß angeordnet werden sollen. Die eingesteckten Stiele behalten durch die hoch aufgefüllte Menge Sand ihre Position ganz gut. Für flachere Gefäße ist Sand weniger zu empfehlen, es sei denn, die Stiele sind sehr fein, sehr dünn oder alles ist ganz kurz geschnitten.

Neben Sand kommt Ton als Steckuntergrund in Frage – Töpferton, Lehm, was man bekommen kann. In Ton kann man sehr dünnes und sehr dickes Material gleichermaßen stecken. Der Nachteil besteht darin, daß sich die Stiele aus dem fest und hart gewordenen Ton nicht mehr entfernen lassen. Nichts läßt sich wegnehmen, nichts mehr hinzufügen. Für Steckarbeiten, die eine Saison halten sollen und später komplett weggeworfen werden, stellt es keine schlechte Möglichkeit dar, weil ein sehr guter Stand gewährleistet wird bei einer relativ klein gehaltenen Basis. Der Ton kann zwar in einem Gefäß nicht festgemacht werden. Durch sein Gewicht jedoch bleiben die Stiele auch mit einem lose aufliegenden, fest gewordenen Tonklumpen gerade und stabil stehen. Das in der Floristik häufig verwendete Sumpfmoos *(Sphagnum)* steht in Deutschland inzwischen unter Naturschutz

Grundschema für eine dekorative, gleichförmige Anordnung eines Gesteckes und darunter ein Beispiel, wie so ein Gesteck aus getrockneten Pflanzen aussehen könnte.

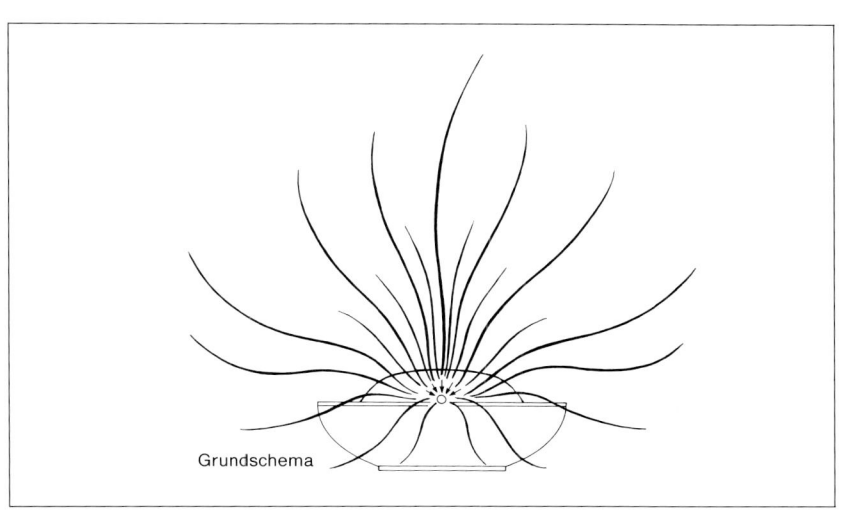

Grundschema

Gesteck in einer asymmetrischen, vegetativen Form. Der Punkt, auf den alle Linien zulaufen, der Wuchspunkt, sitzt in der Vorstellung unterhalb der Schale.

und kann nicht mehr draußen geholt werden. Es sind andere Moosarten im Fachhandel zu finden.

Auf dem Markt wird ferner Knetmasse angeboten, die relativ schweren und harten Stielen einen guten Halt gibt. Im Gegensatz zu Ton lassen sich die Stengel wieder herausziehen, oder man kann nachträglich etwas hineinstecken. Die Knetmasse ist zu zäh für sehr dünne, feine Stiele. Sie sind anzudrahten.

Die Trockensteckmasse braucht nicht zusätzlich befestigt zu werden, wenn sie in ein tieferes Gefäß geklemmt wird, und zwar so, daß das Steckmassenstück richtig festsitzt. Ist das Gefäß flacher, weiter, braucht man zusätzliche Hilfsmittel, um dem Steckblock besser Halt zu geben. Dazu nimmt man ein Klebeband, das ähnlich beschaffen ist wie die Knetmasse, nur wesentlich zäher und klebriger. Man kann es in schmaler Breite, bandförmig zwischen Papierstreifen aufgerollt, kaufen. Das Klebeband benötigt man, um kleine Kunststoffhalter auf dem Gefäßboden festzukleben. Diese Kunststoffhalter, Pinholder genannt, halten den Steckblock oft nicht ausreichend fest, selbst wenn man sie bei einem größeren Stück Steckmasse zu mehreren verwendet. In so einem Fall muß der Steckblock noch zusätzlich an seiner aufliegenden Seite mit einigen Klecksen Heißkleber versehen und dann auf die Pinholder gedrückt werden, um ein höheres, schwereres Gesteck auch genügend stabil zu verankern. Zusätzlich kann man zwischen Gefäßwand und Steckmasse Holz oder Steine einklemmen, die gleichzeitig als optischer Bestandteil in die Gestaltung des Gesteckes miteinbezogen sind.

Nach einiger Praxis wird man herausgefunden haben, was sich leicht und einfach ohne Drahten stecken läßt, wo man drahten muß und bis zu welcher Stielstärke harte Stiele alleine Halt genug haben. Sind sie zu glatt, werden sie kurz gedrahtet und die Stielenden mit ein paar Tropfen Heißkleber versehen. So sitzen die gesteckten Stiele fest in ihrer Stellung. Das Kleben gilt nur für die Trockensteckmasse. Bei Knetmasse, Ton und Moos genügt Draht.

Genauso wie beim Strauß werden die Pflanzenteile, die man verarbeiten möchte, sortiert, übersichtlich ausgelegt oder locker eingestellt. Zu Beginn ist es am besten, relativ einfache Formen mit nicht zu bizarren Bewegungen und keine sehr großen Früchte und Blüten zu wählen. Es ist hilfreich, sich zuerst ein kleines Gestaltungsschema

Nicht allzu brüchige Materialien lassen sich durch Haften rasch auf festen Unterlagen befestigen.

zu überlegen, zum Beispiel gleichmäßige symmetrische Umrisse (Halbmond-, Dreiecks-, vertikale oder horizontale Form), bei der die höchste und jeweils die längste seitliche Linie gleich zu Beginn markiert werden. Es können auch ein paar mehr solcher »Markierungspunkte« gesteckt werden, je nach ausgewähltem Grundschema.

Hat man diesen etwaigen Umriß festgelegt, kann er ausgefüllt werden. Die Stiele stecken wir nicht in genau gleichen Abständen und Höhen, sondern in verschiedenen Längen und Abstufungen, wobei auch einmal ein längerer Stiel vor einem kürzeren plaziert wird, was dazu beiträgt, daß die Form lebendig wirkt.

Wir sollten nicht vergessen, das Gesteck einmal umzudrehen und von der Rückseite her zu vervollständigen. Es muß nach dem Platz, an dem es zu stehen kommt, ausgerichtet werden. Steht das Gesteck vor einer Wand, kann es auf der Rückseite flach gehalten sein, nur mit einigen Stielen im Hintergrund abgestuft. Man verwendet dann nur so viele Stiele wie erforderlich, damit das Gesteck nicht von vorne platt wirkt. Steht es im Raum, muß genau darauf geachtet werden, daß es vorne wie hinten gleich aussieht. Dann genügt es nicht, wenn man eine Arbeit ganz zum Schluß umdreht und ein paar Stiele zufügt, sondern es müssen von Anfang an beide Seiten gesteckt werden, indem man die Arbeit wiederholt umdreht.

Haften

Haften

Auf festen Unterlagen wie Stroh, Kunststoffen und ähnlichem kann man kurze Werkstoffe wie Blätter, Blüten, Fruchtstände, Moose sehr leicht mit Römer-, Patent- oder Mooshaften befestigen. Bei dichter Anordnung stellt dies eine recht gute und zudem rasch zu bewerkstelligende Methode dar. Allerdings wird es mit brüchigen Pflanzenteilen schwierig, da diese oft an der Stelle brechen, an der die Metallklammer in die Unterlage gedrückt wird. Man kann sich dadurch helfen, daß die in dieser Hinsicht empfindlichen Teile gedrahtet und gesteckt, die übrigen gehaftet werden. Überwiegend dünne zarte, brüchige Teile binden wir, falls es die Grundform erlaubt (Girlande, Feston, Kränzchen) mit dünnem Myrtendraht.

Kranz binden

Kleine und auch größere Kränzchen aus Selbstgetrocknetem herstellen, ist gar nicht so schwer und kann obendrein viel Freude bereiten.

Am leichtesten gelingt es mit einer bereits vorgefertigten Unterlage in Kranzform, die aus verschiedenen Ma-

Sehr kompakt wirken diese beiden aus Trockenblumen gebundenen Sträuße.

terialien bestehen kann: aus poröser Trockensteckmasse, Styropor, Hartschaum oder Stroh. Man kann aber auch auf einen kleinen Draht- oder Holzring ein kleines Kränzchen aufbinden.

Wichtig ist es, alle Werkstoffe sorgfältig vorzubereiten. Man muß sich überlegen, ob das Kränzchen dicht oder dünn, aus vielen oder nur aus einer Art bestehen soll. Zu prüfen ist auch, ob die Stiele sehr brüchig oder fest sind. Feste Stiele brauchen gar nicht gedrahtet zu werden. Einzelne kurze Stiele faßt man zu wenigen zusammen. Die längeren nimmt man für die Außenseite, die kürzeren für die Mitte und die ganz kurzen werden für die Büschelchen an der Innenseite des Kranzkörpers verwendet. Die kleinen Büschelchen werden, nebeneinander auf dem Reifen liegend, mit Wickeldraht festgebunden. Will man ein kleines Kränzchen binden oder dünne Blüten verarbeiten, kann Myrtendraht genommen werden.

Gebunden wird entgegen dem Uhrzeigersinn. Wichtig ist, daß man auf gleichmäßige Stärke und Wölbung in der Kranzmitte achtet. Der Schluß

Ein kleiner Kranz wird um einen Reifen gebunden. Die zu Büschelchen zusammengefaßten Stiele bindet man mit Wickeldraht fest. Der Querschnitt zeigt die flach gehaltene Unterseite.

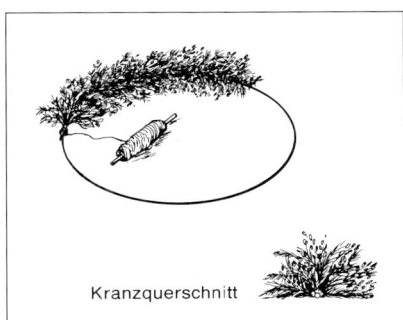

Kranzquerschnitt

bereitet anfangs gewisse Schwierigkeiten. Um den Kranz zu schließen, müssen die letzten Büschel unter die Zweige des Anfangs gebunden werden. Man bindet die letzten Stielenden ganz weit unter die ersten Büschel, so daß Anfang und Ende nahtlos ineinander übergehen. Das erfordert etwas Übung, die sich nach und nach einstellt. Man kann sich vielleicht damit behelfen, die Anfangspartie, sprich die erste Büschelreihe, etwas länger zu lassen, so können die Stielenden der letzten Büschel besser darunter verschwinden, und die Oberfläche bleibt geschlossen. Ebenso wie bei anderen handwerklichen Vorgehensweisen müssen wir ein wenig üben. Das erste alleine gebundene Kränzchen ist ein stolzes Produkt, selbst dann, wenn es hier und da noch kleine Mängel aufweist.

Da es so viele verschiedene Möglichkeiten gibt, einen Kranz herzustellen, sollten wir uns die grundlegende Technik aneignen und dann mit den einzelnen Verfahren – Binden, Stecken, Haften, Kleben – probieren. Man kann diese Techniken auch kombinieren, verschiedene Unterlagen und Werkstoffe verwenden und sich von den daraus ergebenden Wirkungen überraschen lassen.

Bildquellen

Die Zeichnungen fertigte Sigrid Lokau, Bochum-Wattenscheid, nach Vorlagen der Autorin.
von Claer (†): Seite 120
Espig, G. Stuttgart: Seite 23 Mitte rechts
Kuhn, R., Stuttgart: Seite 42 (6)*, 45*
Lehmann, I., Kippenheim: Seite 39 oben rechts
Reinhard, H., Heiligkreuzsteinach: Seite 8, 23 oben rechts und unten links, 25, 39 oben links und unten links, 53

Wegener, U., Crailsheim: Seite 2, 5, 13, 22, 23 oben links, 30, 39 unten rechts, 40, 41, 44, 50, 52, 55, 58, 63 (2), 65, 68, 71, 73, 76, 78, 79, 80, 84, 87, 89, 90, 92, 95, 96, 99, 100, 103, 104, 105, 114
Zeckai, W., Wiesbaden: Titelfoto

* Diese Aufnahmen stammen aus dem in Vorbereitung befindlichen Werk von Samuel Sprunger und Marianne Wieler: »Trockenmaterialien«, Verlag Eugen Ulmer, Stuttgart.

Register

Ahorn 52
Alstroemerie 32
Andrahten 71, 83, 107, 120
Anemone 29
Angebotshöhepunkt 26
Anthocyan 49
Anthoxanthin 49
Anthurie 29
Aromastoff 104
Aster 38, 40
Ätherisches Öl 103

Backofen 67, 97
Bast 115
Baumschwämme 22, 58
Biotop 21
Blätter 14, 25, 31, 40, 43, 46, 57
Blüh-Saison 26, 29, 32, 38, 40
Blumenpresse 62 ff.
Blütenblätter 57, 66, 91
Borax 24, 48, 73 ff., 94, 97
Buchsbaum 41
Bügeleisen 65 ff., 97

Calla 32
Celosie 32
Chlorkalk-Soda 91
Chlorophyll 49
Christrose 26

Dahlie 15, 40
Distel 24, 38, 54, 60
Drahtstärken 109
Duft 43, 67, 103, 104, 106

Efeu 41
Eiweiß 78

Entwicklungsstadium 12, 24, 50, 90
Erika 41
Erntetermin 12, 13, 59
Exoten 43, 44, 45

Färben 98, 100
Farbstoffträger 49, 100
Fixativ 75
Flechten 22, 58
Fließpapier 63, 66
Format 14
Fruchtstände 12, 24, 25, 40, 41, 52, 58
Frühling 19, 22, 29, 37
Fuchsschwanz 40, 53

Gaze 55
Gefärbtes 98, 99
Gehölze 21, 41, 52
Geranie 31
Geschützte Pflanzen 20, 21, 54
Gesteck 93, 116
Glyzerin 25, 29, 38, 40, 45, 46, 48, 85 ff., 93, 94, 97
Gräser 12, 14, 22, 40, 52, 91
Gummi arabicum 75 ff., 78, 79

Haltbarkeit 93
Herbarium 9, 13, 47
Herbst 24, 32, 40, 50, 91, 96
Hortensie 32, 54

Idealzeit 19
Indikator 79
Insekten 22

Jahreszeit 11

Kamelie 26
Klebstoff 113, 118
Kombination 95, 96, 98, 101
Koniferen 41
Kornblume 38
Kranz 92, 93, 119
Kräuter 104
Kunstblumen 107

Lack 74 ff.
Lagerung 58, 60, 65, 68, 72, 77, 82, 88
Lampionblume 53
Laub 25, 53, 87
Lebensdauer 75, 98
Lichtempfindlichkeit 50, 82, 93
Lilie 31
Linde 52
Luftfeuchtigkeit 51, 55, 80, 88, 93, 98

Maismehl 73
Mäuse 61
Mohn 31, 38
Moos 22, 58

Narzisse 29, 37
Naßkonservierung 47
Naturschutz 21, 22, 24, 54
Nelke 29

Oberflächenbeschaffenheit 49
Osmotischer Druck 48

Passionsblume 41
Pfingstrose 38, 60

123

Pflanzenfarben 49, 53, 87
Philodendron 41
Plastidenfarbstoff 49
Potpourri 93, 102 ff.
Pressen 9, 22, 24, 37, 38, 47, 62 ff., 93, 97
Protea 43, 44, 94

Ranunkel 29
Raumtemperatur 90
Reifeprozeß 12, 53
Rinde 22, 58, 75
Rittersporn 38, 60
Rose 12, 29, 56, 60, 84, 103
Rudbeckie 40

Salvie 38
Sand 68 ff., 97, 116

Schädlinge 50, 61, 75
Schleierkraut 53
Schneeglöckchen 37
Silica-Gel 24, 38, 48, 79 ff., 93, 97
Sommer 11, 22, 38, 50, 54, 60, 91
Sonnenblume 40
Statize 53
Steckhilfen 116
Stiefmütterchen 38
Strauß 54, 60, 91, 93, 113
Strohblumen 12, 49, 60, 111
Stützen 108

Textur 49, 100, 104
Topfpflanzen 41, 57
Trocknen 9, 48, 50 ff., 51, 56, 58, 88

Tulpe 14, 29, 37, 57
Veilchen 29, 37
Veilchenwurzel 103
Veränderungsprozeß 9, 15, 48, 88
Vergehen 90
Verlängern 110

Wachs 82, 88 ff., 97
Waschpulver 24, 29, 48, 70 ff., 94, 97
Wickeldraht 112, 115
Wildpflanzen 15
Winter 21, 26, 37, 54, 91, 96
Wurzeln 75

Zellen 11, 13, 48
Zinnie 40
Zucker 77 ff., 97

Schmuckkränze und Girlanden. Von → **Gundel Granow,** Gräfelfing. 128 Seiten mit 54 Farbfotos und 38 Zeichnungen. Kt. → **DM 14,80** (Ulmer Taschenbuch 47).

Osterschmuck und Osterbräuche. Von → **Frauke Stobbe-Rosenstock,** Braunschweig. 124 Seiten mit 55 Farbfotos und 20 Zeichnungen. Kt. → **DM 14,80** (Ulmer Taschenbuch 49).

Frühlingssträuße. Von → **Ingeborg Wundermann,** Gehrden. 126 Seiten mit 48 Farbfotos und 31 Zeichnungen. Kt. → **DM 14,80** (Ulmer Taschenbuch 37).

Herbststräuße. Von → **Ingeborg Wundermann,** Gehrden. Etwa 128 Seiten mit 50 Farbfotos und 40 Zeichnungen. Kt. → **DM 14,80** (Ulmer Taschenbuch 54).

Advents- und Weihnachtsbinderei. Gestecke, Kränze, Sträuße. Von → **Gundel Granow,** Gräfelfing. 2., verbesserte Auflage. 126 Seiten mit 49 Farbfotos und 21 Zeichnungen. Kt. → **DM 14,80** (Ulmer Taschenbuch 17).

Duftstoffe für die Naturkosmetik. Von → **Brunhilde Bross,** Stuttgart. Etwa 128 Seiten mit 50 Farbfotos und 10 Zeichnungen. Kt. → **DM 14,80** (Ulmer Taschenbuch 52).

Schmuck aus Pflanzen. Samen, Früchte, Gräser, Blätter. Von → **Sigrid Paul,** Rottbach. 126 Seiten mit 52 Farbfotos und 34 Zeichnungen. Kt. → **DM 14,80** (Ulmer Taschenbuch 51).

Fruchtsäfte, Weine, Liköre. Von → **Heinrich Thönges,** Limburg. 127 Seiten mit 49 Farbfotos und 27 Zeichnungen. Kt. → **DM 14,80** (Ulmer Taschenbuch 50).

Prospekte kostenlos

Erhältlich in Ihrer Buch(Fach)handlung oder beim **Verlag Eugen Ulmer** Postfach 70 05 61, 7000 Stuttgart 70

Schöne Fuchsien. Von → **G. Manthey,** Schwerte. 96 Seiten mit 81 Farbfotos u. 89 Zeichnungen. Kt. → **DM 19,80.**

Schöne Clematis. Kletterpflanzen für jeden Garten. Von → **A. Bärtels,** Göttingen. 96 Seiten mit 59 Farbfotos und 29 Zeichn. Kt. → **DM 19,80.**

Schöne Gartenrosen. Von → **H. Noack,** Sparrieshoop. 112 Seiten mit 71 Farbfotos und 17 Zeichnungen. Kt. → **DM 19,80.**

Schöne Orchideen. Von → **A. Bürger,** Köln. 96 Seiten mit 55 Farbfotos und 11 Zeichnungen. Kt. → **DM 19,80.**

Schöne Kakteen. Von → **Prof. Dr. G. Gröner** und **Dr. E. Götz,** Stuttgart. 96 Seiten mit 65 Farbfotos und 10 Zeichnungen. Kt. → **DM 19,80.**

Schöne Blütengehölze. Zierkirschen, Zieräpfel, Flieder und Magnolien. Von → **Dr. G. Pardatscher,** Wien. 99 Seiten mit 52 Farbfotos und 20 Zeichn. Kt. → **DM 19,80.**

Schöne Naturgärten. Wie sie entstehen. Von → **J. Kleeberg,** Berlin. 112 Seiten m. 59 Farbf., 4 Farbplänen und 17 Zeichnungen. Kt. → **DM 19,80.**

Schöne Gärten ohne Mühe. Von → **P. Wirth,** Leinfelden-Echterdingen. 96 Seiten mit 50 Farbfotos und 22 Zeichnungen. Kt. → **DM 19,80.**

Schöne Troggärten und bepflanzte Steine. Von → **Dr. h.c.F. Köhlein,** Bindlach. 100 Seiten mit 44 Farbfotos und 26 Zeichn. Kt. → **DM 19,80.**

Schöne Terrassen und Sitzplätze. Von → **T. Graeber,** Bernau, und **W. Betz-Schiel,** Straußdorf. 112 Seiten mit 66 Farbfotos und 34 Zeichnungen. Kt. → **DM 19,80.**

Schöne Gartenhäuser und Lauben. Von → **H. Köckert,** Kranzberg. 96 Seiten mit 50 Farbfotos und 60 Zeichnungen. Kt. → **DM 19,80.**

Prospekte kostenlos.
Erhältlich in Ihrer Buch(Fach)handlung oder beim **Verlag Eugen Ulmer**
Postfach 70 05 61, 7000 Stuttgart 70

VERLAG EUGEN ULMER